Die Reformen von Windesheim und Bursfelde im Norden

Kieler Werkstücke

Reihe A:
Beiträge zur schleswig-holsteinischen
und skandinavischen Geschichte

Herausgegeben von Oliver Auge und Thomas Riis
Begründet von Erich Hoffmann

Band 35

Marina Loer

Die Reformen von Windesheim und Bursfelde im Norden

Einflüsse und Auswirkungen auf die Klöster in Holstein und den Hansestädten Lübeck und Hamburg

Bibliografische Information der Deutschen Nationalbibliothek
Die Deutsche Nationalbibliothek verzeichnet diese Publikation in der
Deutschen Nationalbibliografie; detaillierte bibliografische Daten sind im
Internet über http://dnb.d-nb.de abrufbar.

Umschlagabbildung:
Siegel der Christian-Albrechts-Universität zu Kiel.

Die Universität trägt ihren Namen nach ihrem Gründer, dem Herzog
Christian Albrecht von Schleswig-Holstein-Gottorf, der sie im
Jahre 1665 - nur siebzehn Jahre nach dem Ende des Dreißigjährigen
Krieges - für sein Herzogtum ins Leben rief. An diese Zeit erinnert
auch ihr Siegel: Es zeigt eine Frauengestalt mit einem Palmzweig
und einem Füllhorn voller Ähren in den Händen, die den Frieden
versinnbildlicht. Das Siegel trägt die Unterschrift: Pax optima rerum
(Frieden ist das höchste Gut).

der Christian-Albrechts-Universität zu
Kiel.

ISSN 0936-4005
ISBN 978-3-631-62344-2
© Peter Lang GmbH
Internationaler Verlag der Wissenschaften
Frankfurt am Main 2013
Alle Rechte vorbehalten.
Peter Lang Edition ist ein Imprint der Peter Lang GmbH.

Das Werk einschließlich aller seiner Teile ist urheberrechtlich
geschützt. Jede Verwertung außerhalb der engen Grenzen des
Urheberrechtsgesetzes ist ohne Zustimmung des Verlages
unzulässig und strafbar. Das gilt insbesondere für
Vervielfältigungen, Übersetzungen, Mikroverfilmungen und die
Einspeicherung und Verarbeitung in elektronischen Systemen.

www.peterlang.de

Vorwort des Reihenherausgebers

Es ist die gezielte Politik der Kieler Professur für Regionalgeschichte, hierfür geeigneten und angemessenen studentischen Abschlussarbeiten die Möglichkeit zur Veröffentlichung zu bieten. Der Inhaber der Professur hat während seiner eigenen Studienzeit ebendieses in äußerst positiver Weise seitens seines akademischen Lehrers und nachmaligem Doktorvaters Sönke Lorenz (1944-2012) erfahren – lange bevor die innerhalb der „Generation Praktikum" gestiegenen Standards und Konkurrenzen einen solchen frühen Publikationsnachweis im Interesse der weiteren akademischen Laufbahn mehr als angezeigt erscheinen ließen. Eine solche publikationswürdige Magisterarbeit liegt hier vor. Die Gutachter waren sich über die Exzellenz dieses Werks von Marina Loer mehr als einig. Die Arbeit besticht vor allem durch ihre stupende Quellenkenntnis, ihren Mut zur differenzierten Sicht und in der Fähigkeit zur inhaltlichen Innovation. Sie stellt unser Wissen zur spätmittelalterlichen Kirchen- und Klosterreform in Schleswig-Holstein und darüber hinaus auf eine teilweise neue Grundlage. Dabei ist sie innerhalb eines Forschungsschwerpunkts angesiedelt, der so bereits vom Vorgänger des jetzigen Inhabers der Professur und langjährigen Reihenherausgeber Thomas Riis initiiert wurde: Die Geschichte der mittelalterlichen Klöster in Schleswig-Holstein. Im Rahmen dieser Bemühungen wurde bereits eine Ausstellung mit Katalog organisiert[1], fand eine interdisziplinäre Tagung mit unmittelbar vor der Veröffentlichung stehendem Tagungsband[2] statt und wurden vielerlei Exkursionen angeboten. Ende 2013 soll dann das Schleswig-Holsteinische Klosterbuch erscheinen, an dessen Zustandekommen etliche Fachleute inner- und außerhalb Schleswig-Holsteins mitwirken. In diesen Kontext fügt sich Marina Loers Arbeit geradezu nahtlos ein, was sie natürlich obendrein veröffentlichungswürdig macht. Ich wünsche dem Band die ihm gebührende positive Aufnahme bei der Leserschaft und Frau Loer für ihren weiteren Lebensweg alles Gute!

Kiel, den 15.01.2013   Oliver Auge

---

[1] Jens Ahlers, Oliver Auge, Katja Hillebrand (Hg.), Glauben, Wissen, Leben. Klöster in Schleswig-Holstein, Begleitband der Ausstellung vom 21. Aug. bis 4. Dez. 2011 in der Schleswig-Holsteinischen Landesbibliothek, Kiel 2011.

[2] Oliver Auge, Katja Hillebrand (Hg.), Klöster, Stifte und Konvente nördlich der Elbe. Zum gegenwärtigen Stand der Klosterforschung in Schleswig-Holstein, Nordschleswig und den Hansestädten Lübeck und Hamburg, Neumünster 2013 (Quellen und Forschungen zur Geschichte Schleswig-Holsteins, 120).

Vorwort

Mit dieser, aus meiner Magisterarbeit hervorgegangenen Veröffentlichung zu den spätmittelalterlichen Klosterreformen im Norden soll ein in seinen Vernetzungen und Dynamiken bislang wenig beachtetes Kapitel der Landesgeschichte einem interessierten Publikum zugänglich gemacht werden.

Erste Anregungen zur Beschäftigung mit dem Thema erhielt ich durch Prof. Dr. Oliver Auge während meiner Mitarbeit am Schleswig-Holsteinischen und Hamburgischen Klosterprojekt. Für die engagierte und aufmerksame Betreuung der Magisterarbeit danke ich ihm sehr herzlich. Besonderer Dank gebührt auch Herrn Prof. Dr. Heinrich Dormeier, der in einem Proseminar den Grundstein für mein Interesse an der Geschichte des Mönchtums legte und nun die Zweitkorrektur übernahm.

Dr. Katja Hillebrand, der ich entscheidende Impulse zur genauen Thematik meiner Magisterarbeit verdanke, stand mir stets hilfreich als Ansprechpartnerin zur Seite.

Fachliche Hinweise verdanke ich zudem Dr. Anna-Therese Grabkowsky. Hilfsbereit begegneten mir auch die Mitarbeiter des Landesarchivs in Schleswig. Vielen Dank!

Mit Hilfe eines Stipendiums des Cusanuswerks konnte ich mein Studium zügig beenden und mich ungestört meiner Magisterarbeit widmen. Für die Übernahme eines Teils der Druckkosten bin ich der Gemeinde Bordesholm zu Dank verpflichtet.

Meine Eltern begleiteten mein Studium stets interessiert mit großer Hilfsbereitschaft und machten es durch erhebliche finanzielle Unterstützung erst möglich. Ihnen beiden ist diese Arbeit in tiefem Dank gewidmet.

Karlsruhe, im Januar 2013   Marina Loer

Inhaltsverzeichnis

1	**Einleitung**	11
1.1	Forschungsstand	13
1.2	Quellen	14
2	**Der Zustand der Klöster vor der Reform**	15
3	**Der Prozess der Reformeinführung**	19
3.1	Die Innenperspektive der Klöster	21
3.1.1	Segeberg und Bordesholm – der *actus reformationis* als Anfangs- und Endpunkt von Reformbemühungen	26
3.2	Aus den Niederlanden und Niedersachsen nach Holstein, Lübeck und Hamburg	30
3.2.1	Johannes Busch und die Windesheimer Reformer	31
3.2.2	Die Bursfelder Reformer	35
3.3	Initiatoren, Förderer, Verhinderer – Die Reform im außerklösterlichen Handlungsfeld	37
3.3.1	Die Bischöfe	39
3.3.1.1	Die Bischöfe von Lübeck	40
3.3.1.2	Der Administrator Heinrich von Schwarzburg und das Erzbistum Bremen-Hamburg	46
3.3.2	Die Landesherren	50
3.3.2.1	Adolf VIII. von Schauenburg	51
3.3.2.2	Die Oldenburger	52
3.3.3	Der Adel	57
3.3.4	Die Stadt	59
3.3.4.1	Lübeck	60
3.3.4.2	Hamburg	62
3.4	Erfolg in den Männerklöstern, Misserfolg in den Frauenklöstern? Ein erstes Fazit	65
4	**Auswirkungen und Umsetzungen der Reformen in den drei Männerklöstern**	69
4.1	Die Klöster als Mitglieder ihrer Kongregationen	71
4.1.1	Segeberg und Bordesholm in der Windesheimer Kongregation	71
4.1.2	Cismar in der Bursfelder Kongregation	73
4.2	Geistliche Multiplikatorenrolle: Visitationen, Vernetzungen, Attraktivität	76
4.2.1	Segeberg und Bordesholm: Visitationsberichte und die Schwestern vom gemeinsamen Leben	76

4.2.2	Cismar: Reformen in Preetz und Dänemark	79
4.3	Die innerklösterliche Umsetzung der Reformen	81
4.3.1	Die Bordesholmer Professurkunden als Ausdruck einer verinnerlichten Reform	82
4.3.2	Erinnerung und Reform: Der Cismarer Nekrolog	87
5	**Schlussbetrachtung**	91
Literaturverzeichnis		93
Abbildungen		107

1. Einleitung

> Ego frater Nicolaus Olde promitto deo auxiliante perpetuam continentiam, carentiam proprii et obedientiam tibi pater prior et successoribus tuis canonice instituendis secundum regulam beati Augustini et secundum constitutiones capittuli nostri generalis,[1]

so legte ein Novize des Klosters Bordesholm[2] Ende des 15. Jahrhunderts in einer Urkunde die Profess ab. Seine und weitere Bordesholmer Professurkunden, die sich als seltene Belege der Mönchwerdung erhalten haben, bieten den anschaulichsten Beweis für die Wirkungen der spätmittelalterlichen Klosterreformen[3] in Holstein, denn Nicolaus Olde berief sich in seiner Profess nicht mehr traditionell auf die Gewohnheiten des eigenen Klosters, sondern auf die *constitutiones capittuli nostri generalis*. Gemeint ist hiermit das Generalkapitel im niederländischen Kloster Windesheim, dessen Reformkongregation Bordesholm wie auch das Augustinerchorherrenstift Segeberg im Laufe des 15. Jahrhunderts inkorporiert wurden. Mit der Inkorporation wurden die Erlasse der Kongregation als Statuten übernommen, so auch die Form der Profess. Neben der Windesheimer war die Bursfelder Kongregation der größte Klosterverband, welcher im Zuge der Ordensreformen des 15. Jahrhunderts entstand. Er vereinigte benediktinische Konvente, zu denen auch das ostholsteinische Männerkloster Cismar gehörte. Reformaktivitäten dieser beiden Kongregationen lassen sich in Holstein, Lübeck und Hamburg jedoch auch in einer Reihe von Frauenklöstern nachweisen, so im Benediktinerinnenkloster Preetz und in den Zisterzienserinnenklöstern Reinbek, Harvestehude und St. Johannis in Lübeck.[4]

Gemeinsames Ziel der beiden Verbände war die Rückwendung zu den ursprünglichen Idealen des Mönchtums, zu persönlicher Armut und *vita communis*, zu strenger Askese und einheitlicher Liturgie, aber auch die Ausprägung einer neuen Spiritualität.[5]

---

1   LASH Urk.-Abt. 116, Nr. 211 (Nicolaus Olde).
2   Nach heutigem Gebrauch wäre die Bezeichnung Stift zutreffender. Da jedoch für das Spätmittelalter eher der Begriff Kloster genutzt und zwischen beiden Begriffen nicht streng unterschieden wurde, sollen sie in der vorliegenden Arbeit äquivalent benutzt werden, vgl. Kohl, Windesheimer Kongregation, 89 Anm. 20.
3   Nur zur Abgrenzung zu der von Martin Luther initiierten Bewegung spricht man heute von Reform; die zeitgenössischen Quellen hingegen benutzten reformatio bzw. Reformation, vgl. Stievermann, Klosterreformen, 67.
4   Da die Untersuchung sich auf die Klöster in Holstein, Lübeck und Hamburg konzentriert, die als bestehende Klöster Gegenstand von Aktivitäten Windesheimer oder Bursfelder Reformer wurden, finden das Zisterzienserkloster Reinfeld und das Zisterzienserinnenkloster Uetersen, bei denen zwar auch Reformbestrebungen, jedoch ohne Verbindung zu den Kongregationen belegt sind, keine Beachtung, vgl. Reumann, Reinfeld, 587f.; Jachomowski, Uetersen, 666. Auch die in engem Zusammenhang mit der Windesheimer Kongregation stehenden vier Neugründungen der Gemeinschaften der Schwestern vom gemeinsamen Leben sowie das mit reformierten Augustinernonnen 1502 gegründete Lübecker St. Annenkloster werden nur insofern berücksichtigt, wie es für die Fragestellungen relevant ist; vgl. grundlegend zu den Schwesternhäusern Rehm, Schwestern vom gemeinsamen Leben, 92-97; Wurm, Gründung des Michaeliskonvents, 28-30; Freytag, Plöner Konvent, 16-18; zum St. Annenkloster vgl. Rüther, Prestige und Herrschaft, 157-165; demnächst Dormeier, Stadtklöster und Stiftungsfrömmigkeit.
5   Während Becker, Reformbewegungen, 182, und Heutger, Niedersächsische Ordenshäuser, 276, eine Beeinflussung der Bursfelder Spiritualität durch Windesheim und die Devotio Moderna

Den Wirkungen dieser aus dem Kontinuum monastischen Verfalls und rückbesinnender Erneuerung resultierenden Reformbewegungen auf die erwähnten Klöster in Holstein, Lübeck und Hamburg soll in der vorliegenden Arbeit nachgegangen werden und zwar in zweifacher Hinsicht: den Ein-wirkungen als der Frage nach der Einführung der Reform mit den daran beteiligten Handlungsträgern und den Aus-wirkungen als der Frage nach der klösterlichen Reformumsetzung.[6]

Der Untersuchung dieser Fragestellungen wird ein Kapitel zum Zustand der Klöster vor der Reform vorangestellt. Den ersten Hauptteil einleitend sollen schematisch die Phasen des mehrschrittigen Prozesses der Reformeinführung vorgestellt werden, um sie dann bei den verschiedenen Handlungsträgern – vom Kloster aus den Blick nach außen richtend – nachzuverfolgen. Zu betrachten sind hier einerseits die Reaktionen im Konvent und die Wirkungen auf das innermonastische Beziehungsgefüge, andererseits die Verflechtung Kloster – Reformer – Welt, da die Reforminitiativen zumeist außerhalb des betroffenen Klosters entstanden und wiederum ihr Echo im gesellschaftlichen Umfeld des Klosters fanden.[7] Erst die Betrachtung beider Verhältnisse gibt darüber Auskunft, ob die Reformen Aufnahme oder Ablehnung erfuhren, denn nicht jeder Reformversuch war erfolgreich – auch im Untersuchungsgebiet nicht. So ist in einem ersten Fazit zusammenfassend nach den Gründen für den Erfolg oder Misserfolg der jeweiligen Reformbestrebungen zu fragen.

Wo ein Konvent die Reform annahm, die Reformeinführung also glückte, kann nach der klösterlichen Umsetzung der Reforminhalte gefragt werden. Dies wird im zweiten Hauptteil für die Konvente von Bordesholm, Segeberg und Cismar unternommen. Die Untersuchung der Einbindung des einzelnen Klosters in personelle wie formelle Netzwerke, sowohl in die der Kongregation als auch in Visitationsnetzwerke, soll dabei Schlüsse über die aus der Reform resultierende geistliche Multiplikatorenrolle des Konvents erlauben. Um der Frage nach der innerklösterlichen Umsetzung der Reform in die monastische Lebenspraxis nachzugehen, bieten sich vor allem Schriftzeugnisse an.

Die Wahl des territorialen Bezugsrahmens der Studie – die Grafschaft, ab 1474 das Herzogtum Holstein mit den Hansestädten Lübeck und Hamburg – bedarf natürlich einer näheren Begründung. Zwar sind bereits viele Studien der Klosterreform im Raum gewidmet, doch gelten sie vor allem zentralen klosterlandschaftlichen Regionen.[8] Mit Holstein und den Hansestädten wird ein insbesondere von den Reformzent-

---

postulieren, lehnt Schreiner, Auslegung, 165, dies ab und betont stattdessen den kartäusischen Einfluss.

6 Vgl. Loer, Reform vor der Reformation, 85f. Zur allgemeinen Charakteristik und den Untersuchungsmöglichkeiten monastischer Reformbewegungen vgl. Melville, Aspekte zum Vergleich.

7 Vgl. Elm, Überblick, 12f.

8 Am Besten untersucht ist das Territorium Württemberg in mustergültigen Studien zum landesherrlichen Kirchenregiment Stievermanns, Klosterreformen; ders., Landesherrschaft und Klosterwesen; ders., Klosterreform und Territorialstaat, und in den Arbeiten Neidigers, Observanzbewegungen; ders., Das Dominikanerkloster Stuttgart; ders., Kirchenreformpolitik; zur Wertung der sich ergänzenden Ansätze Stievermanns und Neidigers vgl. Mertens, Reformbewegungen, 177-179. Neuere Studien zur Klosterreform im Raum bieten u.a. Gleba, Reformpraxis; Kemper, Worms; Staubach, Zwischen Bursfelde und Windesheim; zur Verteilung von Orden und Klös-

ren Bursfelde und Windesheim aus gesehen peripherer Raum betrachtet: Es sind Klöster Holsteins, die als maximale Koordinaten der nördlichen Ausdehnung der Reformkongregationen genannt werden und denen Vorstoßcharakter zugeschrieben wird.[9] Ergaben sich aus dieser Randlage Besonderheiten und spezifische Charakteristika der Bursfelder und Windesheimer Reformeinflüsse in den holsteinischen, lübeckischen und hamburgischen Klöstern? Um diese Frage nach der Besonderheit des Raumes beantworten zu können, ist daher auch eine Einordnung der einzelnen Aspekte in überregionale Strukturen zu leisten. Zeitlich orientiert sich die Untersuchung an der von MERTENS definierten „ordensgeschichtliche[n] Sattelzeit" (späteres 14. Jahrhundert bis früheres 15. Jahrhundert), ohne diese Grenzen allerdings strikt einzuhalten.[10]

1.1 Forschungsstand

Die letzte allgemeine Untersuchung zu den Klosterreformen in Holstein lieferte FINKE 1883. Zwar bedeutete diese Untersuchung seinerzeit einen Meilenstein in der schleswig-holsteinischen Klosterforschung,[11] doch ist sie, beurteilt vom heutigen Wissensstand, lückenhaft und in Teilen auch überholt.[12] Seither wurde sich des Themas nur noch knapp in Überblickswerken angenommen, wobei die einzelnen Reformen in den Klöstern meist für sich dargestellt wurden.[13] Diese isolierende Betrachtungsweise findet sich forschungsbedingt auch in den meisten Klostermonographien, welche die Reformbestrebungen als zeitlichen Abschnitt behandeln und daher weitgehend die Interpendenzen zwischen den Klöstern, aber auch zwischen den außerklösterlichen Handlungsträgern der Reform und die Einbindung in reformerische Netzwerke unberücksichtigt lassen.[14] Auch bei der jüngst stattgefundenen Tagung „Klöster, Stifte und

---

tern im deutschen Raum des Spätmittelalters vgl. den Überblick Zieglers, Reformation und Klosterauflösung, 587-589.

9 Elm, Überblick, 7 (Bordesholm); Hammer, Substrukturen, 400 (Cismar); Kohl, Windesheimer Kongregation, 91 (Segeberg); vgl. die Karten in Kohl/Persoons, Monasticon Windeshemense, 511 u. Volk, Register, 307.

10 Mertens, Reformbewegungen, 170.

11 Eine Werkstattbericht zum nächsten „Meilenstein" der monastischen Forschung in Schleswig-Holstein, dem Schleswig-Holsteinischen und Hamburgischen Klosterbuch, demnächst bei Hillebrand, Werkstattbericht. Einen guten Überblick über den allgemeinen Forschungsstand der spätmittelalterlichen Ordens- und Klosterreformen bietet Kemper, Worms, 11-25, zudem sei hier auf den immer noch grundlegenden Tagungsband Elms, Reformbemühungen und Observanzbestrebungen, verwiesen.

12 Finke, Geschichte, widmet sich vor allem dem Einführungsprozess der Reform in Segeberg, Bordesholm und Cismar (ebd., 152-169). Die Auswirkungen der Reform werden nur gestreift (ebd., 164-167 u. passim), die Einbindung in die Kongregationen gar nicht behandelt.

13 Knappe Überblicksskizze bei Hoffmann, Spätmittelalter und Reformationszeit, 385f.; Freytag, Zentren, passim; fehlerhaft bei Mehlhorn, Klöster und Stifte, 39-41.

14 Ausnahmen sind die neu erschienene Monographie Rosenplänters, Preetz, in der er der Preetzer Klosterreform ein umfangreiches eigenes Kapitel widmet (ebd., 133-190) und sie sowohl in den holsteinischen Kontext einbettet als auch mit Reformen in westfälischen Frauenklöstern vergleicht, und die Überblicksstudie von Bünz, Zwischen Kanonikerreform und Reformation, wel-

Konvente nördlich der Elbe", welche dem gegenwärtigen Stand der Klosterforschung in Schleswig-Holstein, Nordschleswig, Lübeck und Hamburg gewidmet war, wurde die spätmittelalterliche Reformepoche der Klöster in den einzelnen Beiträgen nur gestreift.[15]

1.2 Quellen

Insgesamt ist ein divergierender Quellenbestand für die zu untersuchenden Klöster zu konstatieren. Es werden daher nicht alle Klöster in allen Aspekten mit gleicher Intensität behandelt werden können, doch ist es dafür möglich, den Untersuchungsrahmen weiter zu fassen. Neben dem urkundlichen Material, welches vor allem den Prozess der Reformeinführung erhellt, liefern ebenso chronikalische Nachrichten, wenn auch in sehr viel geringerem Umfang vorhanden, Informationen zu diesen Vorgängen. Hier ist insbesondere auf den Bericht des unmittelbar am Reformversuch beteiligten Hamburger Bürgermeisters Hermann Langenbeck für Harvestehude zu verweisen.[16] Aber auch das Schriftgut der Klosterreformer ist zu berücksichtigen, so in erster Linie der Tatenbericht des Windesheimer Reformers Johannes Busch *„Liber de reformatione monasteriorum"*, in welchem die Konvente von Segeberg, Bordesholm und St. Johannis in Lübeck Erwähnung finden.[17] Daneben haben sich Visitationsberichte erhalten, in denen die Klöster des Untersuchungsraumes entweder selbst visitiert wurden oder als Visitatoren anderer Konvente auftraten.[18] Anhand der Akten der Generalkapitel der Kongregationen von Windesheim und Bursfelde lassen sich vor allem die Einbindungen der einzelnen Klöster in den jeweiligen Klosterverband nachvollziehen, aber auch Reformprozesse erhellen.[19] Schließlich ist auf zwei innerklösterliche Schriftzeugnisse hinzuweisen, die als Belege einer verinnerlichten Klosterreform vorgestellt werden sollen. Es handelt sich hierbei um den nach Einführung der Reform entstandenen Nekrolog des Klosters Cismar[20] sowie um den schon in der Einleitung erwähnten, seltenen Bestand unedierter Professurkunden des Augustinerchorherrenstifts Bordesholm, welcher bisher noch keine eingehendere Würdigung erfahren hat.[21]

---

      che die Windesheimer Reform in Segeberg und Bordesholm (ebd., 45-72) miteinander vergleicht.

15   Vgl. demnächst den Tagungsband Auge/Hillebrand, Klöster, Stifte und Konvente nördlich der Elbe.

16   Langenbeck, ed. Lappenberg.

17   Busch, ed. Grube I 36, 496-500 (Segeberg), II 48, 671-672 (Lübeck, St. Johannis), III 31, 731 (Segeberg, Bordesholm). Auch dem Schwesternhaus zu Lübeck ist ein eigenes Kapitel gewidmet: ebd. II 49, 672-674.

18   Monumenta, ed. Westphalen II 376, 455-458 (Visitation Bordesholms durch Segeberg); Visitationsberichte, ed. Finke 1, 240f. (Visitation Bordesholms); ebd. 2, 241-243 (Visitation durch Bordesholm). Da von den Windesheimern kaum Visitationsprotokolle überliefert sind, ist dieser Bestand bemerkenswert, vgl. Lesser, Johannes Busch, 265 Anm. 31.

19   Acta capituli, ed. van der Woude; Generalkapitels-Rezesse, ed. Volk.

20   Necrologium Cismariense, ed. Kohlmann.

21   LASH Urk.-Abt. 116, Nr. 210 u. 211; vgl. Bünz, Zwischen Kanonikerreform und Reformation, 56-60; Finke, Geschichte, 166f.

2 Der Zustand der Klöster vor der Reform

Dramatisch beschrieb Papst Alexander VI. im Jahre 1496 die Situation des Nonnenklosters Reinbek:

> Intelleximus nuper non absque gravi mentis displicentia in diocesi Bremensi et ducatu nobilis viri Friderici ducis Slesvicensis monasterium monialium Reynbeke esse, quod maxima reformatione et censura indigere noscitur, et, nisi provideatur, de totali illius desolatione brevi verisimiliter esse formidandum.[24]

Schlimme Zustände konstatierte ebenso der Administrator des Erzbistums Bremen-Hamburg in seinen Reformaufrufen für Harvestehude: *unschicklichkeit, mysholdinge der regulen unde ander mercklige overtreddinge,*[25] unter denen er insbesondere die Verletzung der Klausur kritisierte.[26] Auch dem Männerkloster Bordesholm wurde ein schlechtes Zeugnis ausgestellt: Der Konvent sei verweltlicht, die Brüder brächen das Schweigegelübde, würden ihren Propst beleidigen und sich mit Laien zum Gelage im Kloster treffen, während der Propst so sehr mit weltlichen Geschäften beschäftigt sei, dass er kein gutes Vorbild abgeben könne, so der Segeberger Prior bei einer Visitation des Konvents im Jahre 1474, mit der er den Anschluss Bordesholm an die Windesheimer Kongregation erreichen wollte.[27] Diese Schilderungen zum Zustand der Klöster vor ihrer Reform sind jedoch grundsätzlich zu hinterfragen, sind es doch keine neutralen Berichte, sondern Rechtfertigungen, die einen reformerischen Eingriff legitimieren sollten und daher einen Verfall des monastischen Lebens diagnostizieren wollten. Auch unter Einbeziehung weiterer Quellen bleibt die Frage nach einem möglichen Niedergang in den Klöstern methodisch nicht unproblematisch: Wie ist er zu definieren, wie zu messen? Im Folgenden soll mit ELM unter Verfallserscheinungen „die Einschränkung oder Aufgabe ursprünglich als normativ geltender Funktionen und Verhaltenweisen"[28] verstanden werden, die sich aus endogenen und exogenen Faktoren ergab. Dabei kann es im Rahmen der vorliegenden Studie nicht um eine umfassende Diagnose gehen, sondern lediglich um Einblicke. Betrachtet man die Lebensweise in den Konventen, so ist insbesondere die Verletzung des Armutsgebots im Untersuchungsraum gut nachzuweisen: So setzte in Bordesholm selbst der Propst ein Testament auf, in welchem er dem Kloster seine privaten Güter vermachte.[29] Auch in den Nonnenklöstern verfügten die Konventualinnen über Eigenbesitz in Form von Leibrenten.[30]

---

24 Brief an die Äbte von St. Michael und St. Godehard in Hildesheim mit dem Auftrag zur Reform des Reinbeker Klosters: APD V 3533, 153f.; Urkundenverzeichnis, ed. Heuer 179, 192.
25 Brief Heinrich von Schwarzburgs an den Hamburger Rat (9.12.1482), ed. Lappenberg, Herwardeshude, 537.
26 Brief Heinrich von Schwarzburgs an den Hamburger Rat (28.10.1482): wo dat se in stede unde dorpp zunder vruchten ghaen, ok in ere cloester unborlike personen laten, zit. nach Raape, Aufstand, 14.
27 Monumenta, ed. Westphalen II 376, 456f.
28 Elm, Verfall, 196.
29 Testament des Propstes Jacobus Smyt (1462): Monumenta, ed. Westphalen II 366, 444-446; vgl. die lobende Grabinschrift desselben Propstes, ed. Finke, Geschichte, 156 Anm. 2.
30 Busch, ed. Grube II 48, 671; Urbanki, Harvestehude, 67f.; dies., Frunde, 419; Raape, Aufstand, 14; Heuer, Reinbek, 73f.

Diese erhielten sie zumeist durch Legate in den Testamenten ihrer Verwandten, teilweise waren sie aber auch schon Bestandteil der Mitgift.[31] Für Harvestehude ist eine Zunahme dieser Legate zum Vorteil einzelner Nonnen im 15. Jahrhundert festzumachen und Reinbek verfügte über ein eigenes Hamburger Rentenbuch, in dem auch persönliche Legate verzeichnet waren.[32] Der Vorwurf der Regelübertretung bezog sich jedoch nicht nur auf den Eigenbesitz, sondern ebenfalls auf die Aufgabe der *vita communis*, welche sich in unserem Raum am besten in den Nonnenklöstern nachverfolgen lässt: In Preetz ist schon für 1389 das Wohnen in Zellen belegt, in Harvestehude scheint der gemeinsame Schlafsaal im 15. Jahrhundert abgeschafft worden zu sein.[33] Ähnliches gilt für die gemeinsamen Mahlzeiten im Refektorium, die *mensa communis*.[34] Hier wurde zudem die Vorschrift der Benediktregel, auf Fleisch vierbeiniger Tiere zu verzichten, nicht befolgt.[35] So zeigen die Eintragungen in den Preetzer Rechnungsbüchern, dass – wenn überhaupt – nur in der Fastenzeit kein Fleisch konsumiert wurde, von Ähnlichem geht man für Reinbek und Harvestehude aus.[36] Inwieweit die Klausur eingehalten wurde, deren Verletzung ja der Administrator des Erzbistums Bremen-Hamburg dem Konvent von Harvestehude vorwarf, ist in den Quellen schwer nachzuvollziehen. Es lässt sich nicht belegen, ob die Harvestehuder Nonnen das Kloster verließen oder *unborlike personen*[37] im Kloster empfingen. Zumindest in Preetz lässt sich aus dem Quellenmaterial jedoch keine gezielte Verletzung der Klausur ableiten.[38]

Zwar unterlagen die Augustinerchorherren in Bordesholm nicht der Klausur, doch beschwerte sich 1429 der Bremer Erzbischof über ihr modisches Erscheinungsbild beim Verlassen des Klosters und mahnte die Einhaltung der Kleidervorschriften an.[39] Auch in Segeberg und Cismar gab es 1442 Probleme mit der Klostertracht. Angeblich war kein Geld für angemessene Kleidung vorhanden.[40] Neben den landesherrlichen Diensten und Abgaben und den immer wiederkehrenden Pestepidemien belasteten im 15. Jahrhundert vor allem die Kämpfe um das Herzogtum Schleswig die Klöster.[41] So schädigte die Heeresfolgepflicht in Preetz nachweislich die klösterlichen Finanzen, die gegen Ende des Jahrhunderts durch die Misswirtschaft der Pröpste weiter in Mitlei-

---

31 Vgl. Anhang 2 bei Urbanski, Harvestehude, 217-239; Verzeichnis der Klosterpersonen bei Heuer, Reinbek, 104-112; Rüther, Prestige und Herrschaft, 124f.
32 Urbanski, Harvestehude, 68; Urkundenverzeichnis, ed. Heuer 167, 186-188.
33 Rosenplänter, Preetz, 171; Urbanski, Harvestehude, 81.
34 Rosenplänter, Preetz, 167. In Harvestehude wurde 1464 wieder die mensa communis durch eine bürgerliche Stiftung eingerichtet, sie war zuvor also nicht mehr praktiziert worden: Lappenberg, Herwardeshude, 535; Urbanski, Harvestehude, 158; vgl. hierzu Kap. 3.3.4.2, 62.
35 RB 36, 9/39, 11.
36 Rosenplänter, Preetz, 167-171; Heuer, Reinbek, 71f.; Urbanski, Harvestehude, 83f.
37 Brief Heinrichs von Schwarzburg an den Hamburger Rat (28.10.1482), zit. nach Raape, Aufstand, 14.
38 Rosenplänter, Preetz, 175.
39 Monumenta, ed. Westphalen II 339, 406; vgl. Freytag, Zentren, 149.
40 UBBL III 1607, 68: Chronica, ed. Meibom, 401; vgl. Kap. 3.3.1.1, 31f.
41 Eilermann, Cismar, 104; Grabkowsky, Cismar, 38; Freytag, Zentren, 170.

denschaft gezogen wurden.[42] Schließlich wurde die Situation so prekär, dass sich die Priörin gezwungen sah, beim Landesherren um wirtschaftliche Hilfe nachzusuchen und so die Reformbemühungen um Preetz auslöste.[43] Nicht alle Klöster befanden sich jedoch vor ihrer Reform in einem schlechten wirtschaftlichen Zustand. Bordesholm betonte bei einem Besuch Johannes Buschs im Jahre 1444 seinen Reichtum und auch Harvestehude und Reinbek verfügten Ende des 15. Jahrhunderts über eine konsolidierte Klosterwirtschaft.[44] Eine baldige Auflösung des Reinbeker Klosters, wie sie der Papst prognostizierte, stand daher trotz der geschilderten Regelübertretungen der Nonnen nicht zu befürchten.

Insgesamt stellte sich also die Situation in den Klöstern in Holstein, Hamburg und Lübeck differenziert dar. Letztlich spielte jedoch der konkrete Zustand eines Klosters durch die Etablierung und Dominanz des *reformatio*-Diskurses im 15. Jahrhundert kaum mehr eine Rolle: „[D]ie Zentrierung oder Reduzierung allen Veränderungs- und Erneuerungsbegehrens auf ein binäres Ordnungsschema – auf die Alternative ›Reform ja oder nein‹ –"[45] ermöglichte die Unterteilung der Ordensleute in Reformierte und Nichtreformierte und legitimierte so den Eingriff in jedes nichtrefomierte Kloster.[46]

---

42 Hein, Preetz, 502f. Angeblich mussten die Nonnen sogar kollektieren gehen, um Baumaßnahmen zu finanzieren, vgl. Freytag, Zentren, 154.
43 Rosenplänter, Preetz, 134; Finke, Geschichte, 170; Hein, Preetz, 504.
44 Busch, ed. Grube III 31, 781; Heuer, Reinbek, 40; Urbanski, Harvestehude, 35; dies., Frunde, 418; vgl. auch Lorenzen-Schmidt, Umfang, 45, wonach das Kloster Harvestehude der stärkste Kapitalgeber unter den geistlichen Institutionen auf dem Hamburger Rentenmarkt war.
45 Mertens, Kommunikationsereignis, 409.
46 Zur Etablierung des reformatio-Diskurses und der Problematik seiner Übernahme durch die Forschung vgl. neben Mertens, Kommunikationsereignis, Hamm, Von der spätmittelalterlichen reformatio.

3 Der Prozess der Reformeinführung

Ein solcher Eingriff in die innerklösterliche Ordnung vollzog sich in einem charakteristischen Prozessverlauf. Wenn auch jeder Konvent seine eigene Reformgeschichte hatte, so ist der Prozess der Reformeinführung doch idealtypisch in verschiedene Elemente unterteilbar:

Initiierung der Reform: Der Entschluss und die Initiative zur Reform eines Klosters ging in den meisten Fällen nicht vom Kloster selbst aus, sondern von außerklösterlichen Akteuren wie Päpsten, Bischöfen, Landesherrn und Stadträten oder auch von Windesheimer bzw. Bursfelder Reformern direkt. Nicht immer ist eindeutig ein Initiator auszumachen, in einigen Fällen ergaben sich die Reforminitiativen auch aus einem kommunikativen Aushandlungsprozess verschiedener Gruppen.[47] Wichtig war die tatsächliche oder behauptete Legitimation für den Eingriff, also das Berufen auf bischöfliche Ordinarsgewalt, Vogteirechte oder päpstliche Mandate.[48]

Betrachtet man die sieben Klöster der Untersuchung, so lässt sich trotz aller Trennungsunschärfe bei über der Hälfte ein bischöfliches Reformgebot ausmachen. Gingen die Reformen Segebergs und Cismars auf Initiativen des Lübecker Bischofs Nikolaus Sachow (1439-1449) zurück, so bemühte sich Heinrich von Schwarzburg, Administrator des Erzbistums Bremen-Hamburg (1463-1496), um die Reformen Harvestehudes und Bordesholms.[49] Um eine landesherrliche Reforminitiative hingegen handelte es sich beim Zisterzienserinnenkloster Reinbek. Vordergründig ging dessen Reform zwar auf eine Anordnung Papst Alexanders VI. (1492-1503) zurück, doch wurde diese von Herzog Friedrich I. von Schleswig und Holstein (1490-1533) erwirkt.[50] Bei St. Johannis in Lübeck lassen sich initiierende Aktivitäten des berühmten Klosterreformers Johannes Busch nachweisen,[51] während Preetz sich eigeninitiativ um eine Reform bemühte, wobei es allerdings hauptsächlich aus wirtschaftlichen Gründen um Hilfe von außen nachsuchte.[52]

Beauftragung mit der Reformeinführung: Zwar lassen sich bei einigen Initiatoren eigene Eingriffe in das zu reformierende Kloster nachweisen, typisch war jedoch die Beauftragung von Mitgliedern der beiden Kongregationen mit der Reformeinführung.[53] Die Aktivität mindestens eines Windesheimer oder Bursfelder Reformers im

---

47 Elm, Überblick, 13f; ders., Verfall. 224f.
48 Hinsichtlich der Legitimation war natürlich auch die Rechtsstellung eines Klosters von Bedeutung, da der Eingriff in ein nichtexemtes Kloster leichter zu legitimieren war, doch konnte auch die Reform exemter Klöster erzwungen werden, vgl. hierzu Neidiger, Erzbischöfe, 41; Seibrich, Episkopat, 280.
49 Sachow konnte auf erste Initiativen seines Amtsvorgängers Johannes Schele (1420-1439) zurückgreifen, vgl. Kap. 3.3.1.1, 38f. Zum Wirken Heinrich von Schwarzburgs vgl. Kap. 3.3.1.2, 44-48..
50 Vgl. Kap. 3.3.2.2, 52f.
51 Vgl. Kap. 3.2.1, 29f.
52 Vgl. Kap. 3.1, 21f. Gewisse Eigenbemühungen um eine Reform lassen sich auch für das Augustinerchorherrenstift Bordesholm nachweisen, vgl. Kap. 3.1.1, 26-28.
53 Eigene Reformeingriffe unternahm bspw. der Lübecker Bischof Nikolaus Sachow in Segeberg und Cismar, bevor er die Klöster Bursfelder und Windesheimer Reformern anvertraute, vgl. Kap. 3.3.1.1, 39f. Die Beauftragung entfiel natürlich, wenn sich Reformer eigeninitiativ um die

Kloster bildet das Kriterium für die Einbeziehung eines Klosters in Holstein, Hamburg oder Lübeck in die Untersuchung. Die Bursfelder und Windesheimer wirkten nicht nur ordensspezifisch, sondern ebenso über die Ordensgrenzen hinweg. So griffen sie auch häufig in Zisterzienserinnenklöstern ein wie auch in Harvestehude, Reinbek und St. Johannis.[54] Neben den Reformern wurden andere geistliche und weltliche Personen mit der Unterstützung und Mitwirkung bei der Reformeinführung beauftragt bzw. wohnten ihr zumindest im Kloster bei. So forderte der erzbischöfliche Administrator den Hamburger Rat nachdrücklich auf, die Reformer für Harvestehude auch gegen den möglichen Widerstand der Nonnen tatkräftig zu unterstützen.[55] In Preetz gehörten Adlige zur Reformkommission, in Reinbek verlangte man die Anwesenheit des Herzogs selbst.[56] Insbesondere vom Mitwirken der weltlichen Obrigkeit versprach man sich die Durchsetzung der Reform auch gegen den Widerstand der Klosterinsassen.[57]

Vollzug des *actus reformationis*: Als offizielle Einführung der Reform gestaltete sich der *actus reformationis* als eine „gesteigerte Visitation"[58] durch die Reformer. Bei diesem formalisierten Prozess, der in Handbüchern genau festgelegt war, erfragten die Reformer wie bei einer regulären Visitation Regelübertretungen in Zwiegesprächen, hielten ein Schuldkapitel ab und fixierten ihre Anordnungen für das Kloster schriftlich.[59] Weiterer wichtiger Bestandteil war darüber hinaus die Absetzung der alten Klosterleitung und die Einführung reformierter Mönche oder Nonnen.[60] Da die Überzeugungsarbeit der Reformer in den Konventen oft nicht ausreichte, um die Insassen von der Reformnotwendigkeit zu überzeugen, war dies ein probates Mittel, etwaigen Widerstand im Konvent zu brechen. Es diente aber auch dazu, einen Grundstock reformerischen Wissens und Habitus' im Kloster zu etablieren. Der Austausch der alten Klosterleitung wurde nachweislich in allen drei Männerklöstern vorgenommen und war in Harvestehude und Reinbek zumindest geplant. Den Mitgliedern des alten Konvents wurde die Möglichkeit gegeben, das Kloster – meist gegen eine finanzielle Entschädigung – zu verlassen.[61] Quellen für Segeberg und Cismar belegen, dass diese Möglichkeit auch im Untersuchungsgebiet geboten und genutzt wurde.[62] Oft gingen mit dem *actus reformationis* Maßnahmen zu einer Wirtschaftsreform des Klosters einher.[63] Insgesamt diente so der *actus reformationis* dazu, „eine tiefgreifende Umgestal-

---

Reform eines Konvents bemühten; hier musste es ihnen dann eher um die rechtliche Absicherung ihres Handelns gehen, vgl. Kap. 3.2.1, 29f. zu den Reformbemühungen Johannes Buschs in St. Johannis.

54 Vgl. Gleba, Reformpraxis, 35, zur ordensfremden Reform westfälischer Zisterzienserinnenklöster; zur ordensfremden Reform allgemein vgl. Mertens, Kommunikationsereignis, 409.
55 Vgl. Kap. 3.3.1.2, 46.
56 Vgl. Kap. 3.3.3, 56 u. Kap. 3.2.2, 35.
57 Mertens, Kommunikationsereignis, 416; Staubach, Zwischen Bursfelde und Windesheim, 115.
58 Mertens, Kommunikationsereignis, 417.
59 Eine genaue Beschreibung des Visitationsablaufs in seinen einzelnen Elementen ebd., 416.
60 Staubach, Zwischen Bursfelde und Windesheim, 115.
61 Vgl. Gleba, Reformpraxis, 76.
62 Vgl. Kap. 3.1, 23 u. Kap. 3.1.1, 24.
63 Gleba, Reformpraxis, 167; Elm, Verfall, 231; Seibrich, Episkopat, 336. Bei Frauenklöstern gehörte dazu oft der Austausch der Güteradministratoren, vgl. ebd., 314.

tung von der *deformatio* zur *reformatio* formell herbei[zuführen]".⁶⁴ Im Untersuchungsgebiet erstreckte sich die Zeitspanne der Reformeinführungen über ein halbes Jahrhundert, beginnend 1443/44 in Segeberg und 1497 in Reinbek endend.⁶⁵ Um der eingeführten Reform im Konvent zur Durchsetzung zu verhelfen, wurden die von Windesheimern oder Bursfeldern reformierten Klöster wenn möglich den Kongregationen inkorporiert, womit sie in ein sicherndes und kontrollierendes Netz aus Generalkapiteln und Visitationen eingebunden wurden, so auch Segeberg, Bordesholm und Cismar.⁶⁶ Bei der Windesheimer Kongregation war mit dem Anschluss auch die Exemtion von der bischöflichen Rechtssprechung verbunden.⁶⁷ Für die Frauenklöster bestand die Möglichkeit einer Inkorporation zumeist nicht. Sie übernahmen in der Regel nur die Observanz und wurden den Kongregationen gegebenenfalls angegliedert.⁶⁸

Bei der Vorstellung des Reformeinführungsprozesses wird deutlich, dass er sich nicht klosterintern, auch nicht ordensintern vollzog, sondern in einem Kommunikationsprozess zwischen verschiedenen geistlichen und weltlichen Handlungsträgern ausgehandelt wurde. Diesen Akteuren und ihrer spezifischen Rolle bei der Klosterreform soll im Folgenden nachgegangen werden, und zwar vom Kloster ausgehend über die Reformer hin zum gesellschaftlichen Umfeld.

3.1 Die Innenperspektive der Klöster

Im Kloster griffen die Reformmaßnahmen tief in die Lebensweise der Mönche und Nonnen ein: Abschaffung des Privateigentums, Askese in Wohnbedingungen, Ernährung, Schlaf und Habit, Unterbindung von Außenkontakten und eine neue, genau reglementierte Liturgiepraxis gehörten genauso dazu wie Veränderungen in der Besetzung des Konvents und Bemühungen um eine wirtschaftliche Konsolidierung.⁶⁹ Die innermonastischen Reaktionen auf diesen Umstrukturierungsprozess waren unterschiedlich. Grundsätzlich gab es drei Möglichkeiten, wie ein Konvent sich verhalten konnte: Er konnte eigeninitiativ um Reform bitten und die Einführung unterstützen, er konnte die Reformmaßnahmen hinnehmen oder er konnte sie ablehnen und versuchen, sich gegen die Reform zu wehren.⁷⁰ Zu beachten ist allerdings, dass ein Konvent nicht immer geschlossen agierte und sich innerhalb der Klostermauern Parteien der Befürworter und Gegner bildeten. Zudem agierten die Konventsmitglieder nicht isoliert in ihrem Kloster, sondern Widerstand und Befürwortung ergaben sich immer in Wech-

---

64 Mertens, Kommunikationsereignis, 418.
65 Daten des actus reformationis in den Klöstern des Untersuchungsgebiets: 1443/44 (Segeberg), 1449 (Cismar), zw. 1466 und 1473 (Lübeck, St. Johannis), 1482 (Harvestehude), 1490 (Bordesholm), 1491 (Preetz), 1497 (Reinbek).
66 Die Inkorporationen wurden zumeist auf dem dem Anschluss folgenden Kapitel bestätigt, so für Segeberg und Bordesholm 1445 bzw. 1491: Acta capituli, ed. van der Woude, 41, 89; zur Zeit der Inkorporation Cismars sind noch keine Rezesse der Bursfelder Generalkapitel erhalten, vgl. Volk, Einleitung, 10.
67 Kohl, Windesheimer Kongregation, 102.
68 Hofmeister, Verfassung der Bursfelder Kongregation, 65; Gleba, Reformpraxis, 35.
69 Mertens, Reformbewegungen, 168.
70 Gleba, Reformpraxis, 203.

selwirkung mit der Welt außerhalb. Diese Konfliktlinien sowie die Reaktionen im Kloster insgesamt sind im Quellenmaterial nicht immer auszumachen, da es sich selten um Selbstzeugnisse der Konvente, sondern hauptsächlich um Zeugnisse der Reformer und anderer außerklösterlicher Beteiligter handelt.[71]

So ist in den Quellen nichts zu erfahren über das Verhalten der Reinbeker Nonnen hinsichtlich der Reformeinführung in ihrem Kloster. Der Schriftverkehr, welcher bezüglich des Aufenthalts einer Reformkommission im Kloster im April 1497 geführt wurde, berichtet nichts über die Reaktion der Ordensschwestern.[72] Das Schweigen der Quellen auch nach der Reformvisitation lässt sich nur dahingehend deuten, dass es zumindest von ihrer Seite nicht zu größeren Protestaktionen gekommen ist.

Die Reaktion der Nonnen von St. Johannis in Lübeck auf Johannes Buschs ersten Versuch, im Jahre 1449 die Abschaffung von Privateigentum durchzusetzen, schilderte hingegen der große Windesheimer Klosterreformer folgendermaßen: Findig hätten die Nonnen bisher das Verbot des Privatbesitzes umgangen und versucht, auch gegenüber Busch Kompromisse durchzusetzen und sich seinem Ansinnen argumentierend zu widersetzen.[73] So konnte Busch sein Vorhaben zunächst nicht in die Tat umsetzen, auch wenn sich später die Einführung einer wie auch immer gearteten Reform im Kloster nachweisen lässt.[74]

Auf Gegenwehr der Nonnen stieß ebenfalls die Reformkomission von Harvestehude. Zwar waren es hier vor allem die *frunde der begevenen kindern*,[75] also in erster Linie die Verwandten und Freunde der Schwestern, die am Visitationstag, dem 17.12.1482, in einem großen Tumult am und im Kloster zusammenkamen und schließlich zur Verzögerung der Reform eine Prüfung des Visitationsrechts über Harvestehude durchsetzten, doch werden die Nonnen das Handeln ihrer Verwandten zumindest gebilligt, wenn nicht sogar tatkräftig unterstützt haben.[76] Wie die *frunde* auch werden sie vom Reformaufruf des erzbischöflichen Administrators für ihr Kloster an den Rat und vom Visitationstermin gewusst haben: Bei über der Hälfte der Nonnen, die zu diesem Zeitpunkt im Kloster gelebt haben könnten, ist ein familiärer oder sozialer Kontakt zum Rat nachweisbar.[77] Diskutiert wird darüber hinaus, ob die Behauptung, das Visitationsrecht über das Kloster liege beim Abt von Reinfeld, welche der vom Administrator des Erzbistums Bremen-Hamburg entsandten Kommission die Legitimation entziehen sollte, nicht auf die Nonnen zurückging.[78] Wenn dies so gewesen sein sollte,

---

71 Hierin ist unter anderem auch das bisherige Fehlen einer Konventualenforschung begründet: Mertens, Reformbewegungen, 158; ders. Kommunikationsereignis, 409.
72 Lediglich in einer passiven Rolle werden die Visitationsergebnisse wohl der Priorin Anna von Ratlow übergeben worden sein, vgl. Heuer, Reinbek, 99; Urkundenverzeichnis, ed. Heuer 185, 194.
73 Busch, ed. Grube II 48, 671f.; vgl. hierzu auch Kap. 3.2.1, 29f..
74 Vgl. Kap. 3.3.4.1, 59.
75 Langenbeck, ed. Lappenberg, 342. Der gesamte Bericht zum Reformversuch Harvestehudes ebd., 341-344.
76 Urbanski, Kinder, 423; Lorenzen-Schmidt, Hamburger Aufstand, 28.
77 Urbanski, Kinder, 420f., 423-426. Rat und frunde lassen sich daher auch nicht scharf trennen: Lorenzen-Schmidt, Hamburger Aufstand, 29.
78 Während Raape, Aufstand, 18, die Idee für diese Behauptung denen, die sie äußersten, nämlich den frunden, zuschreibt, erscheint es Urbanski, Kinder, 423, einsichtiger, dass diese Idee auf die

täuschten die Nonnen jedenfalls bewusst, denn am Visitationsrecht des Bremer Erzbischofs konnte für den Konvent kein Zweifel bestehen: Jede Äbtissin hatte ihm nach der Einsetzungsformel ausdrücklich ihre Treue zu schwören.[79] Die Ordensschwestern jedenfalls waren es – und hier traten sie das erste Mal als direkte Handlungsträgerinnen auf –, die den Abt von Reinfeld nach Harvestehude baten: Er kam *ut foderung der begevenen jungfruwen, dem grote marklike geschenke belavet unde togesecht worden, up dat he sik der dinge underneme und bekummerde.*[80] Als der Abt sich bei seinem Aufenthalt in Harvestehude jedoch weigerte, die Visitation vorzunehmen, versagten ihm die Zisterzienserinnen die versprochenen Geschenke und die weitere Beköstigung.[81] Schließlich hatte die Gegenwehr der Nonnen und ihrer *frunde* Erfolg: Die vom Administrator Heinrich von Schwarzburg geplante Reform scheiterte schon bei ihrer Einführung.

Im Benediktinerinnenkloster Preetz hingegen wurden die Reformaktivitäten von Kräften aus dem eigenen Konvent getragen; sie sind vor allem mit der Person Anna von Buchwalds (Priörin 1484-1508) verknüpft. Aber nicht nur hinsichtlich seiner Eigeninitiative stellt der Preetzer Konvent einen Sonderfall dar. Durch die gute Quellenüberlieferung des Preetzer Klosters liegen über die klösterliche Innenperspektive der Reformeinführung mehr Informationen vor als bei den anderen Frauenklöstern des Untersuchungsgebiets.[82] Reformerische Quelle par excellence ist dabei das „Buch im Chor", dessen Hauptteil Anna von Buchwald zwischen 1471 und 1487 niederschrieb.[83] Dieser umfasste vor allem eine liturgische Ordnung, welche die spätere Priörin nach Selbstaussage allein auf mündlicher Überlieferung beruhend verfasste[84] und welche ihre Parallele in den Liturgiereformen der Kongregationen hatte.[85] Daher ist die Preetzer Ordnung „als Ausdruck der Klosterreform zu verstehen".[86] Im selben Zusammenhang stehen auch die liturgischen Erleichterungen, welche Anna von Buchwald 1486 von Abt Heinrich von Cismar (1473-1494) und von Bischof Albert Krummendiek von Lübeck (1466-1489) erbat, als sie anlässlich ihrer Amtseinführung im Kloster weilten.[87] Sinn der liturgischen Vereinfachungen war für die neue Priörin, dass es den

---

Nonnen zurückging. Die Begründung für ihre These ist jedoch schwach: „Sie kannten die Regel und den Aufbau ihres Ordens"(ebd.). Problemtisch ist auch der von Lappenberg, Herwardeshude, 540, behauptete Zusammenhang zwischen dem Reformversuch und dem Tod der Äbtissin Margarete Vermersen am 19.12.1482, vgl. auch Urbanski, Kinder, 415.

79   Edition des Eids bei Lappenberg, Herwardeshude, 524 Anm. 2; vgl. auch Raape, Aufstand, 18.
80   Langenbeck, ed. Lappenberg, 343.
81   Ebd.
82   Hinsichtlich der Preetzer Klosterreform sei grundsätzlich auf die detaillierte Untersuchung Rosenplänters, Preetz, verwiesen, die die Grundlage der folgenden Ausführungen bildet.
83   Ebd., 138; Hein, Preetz, 503; vgl. hierzu auch die Werke Kelms, Buch im Chore; dies., Preetzer Klosterkirche; dies., Kloster Preetz.
84   Neben der liturgischen Ordnung umfasste der Hauptteil auch ein Anniversar und Wohltäterverzeichnis, eine Propst- und Priörinnenliste, einen Baubericht, Abschriften aus Gründungsurkunden und weitere chronikalische Nachrichten, vgl. die Übersicht bei Rosenplänter, Preetz, 140.
85   Es besteht allerdings kein Zusammenhang mit dem Liber Ordinarius der Bursfelder Kongregation, vgl. ebd., 146.
86   Ebd.
87   Diplomatar, ed. Jessien, 396; vgl. Freytag, Zentren, 155; vgl. für die genauen Bestimmungen Rosenplänter, Preetz, 154.

Nonnen nur so möglich sein würde, ihren Dienst für Gott mit der nötigen Sorgfalt und Inbrunst zu vollziehen.[88] Auch der Baubericht, welchen die Priörin im „Buch im Chor" niederschrieb, zeugt vom reformerischen Eifer der Klostervorsteherin. So bemühte sie sich um eine konsequentere Klausur, indem sie sowohl das Badehaus auf dem Klosterhof besser abgrenzen als auch den Nonnenchor in der Kirche gegenüber dem Laienraum abschotten ließ.[89] Nach Abgang des Preetzer Propstes Hermann Dornebusch führte die Priörin zudem noch fast ein Jahr lang die Verwaltung des Klosters. Dennoch kam sie nicht umhin, aufgrund des durch die Misswirtschaft der Pröpste entstandenen wirtschaftlichen Schadens um Hilfe von außen nachzusuchen und wandte sich im November 1491 mit ihren Mitschwestern an König Johann I. und Herzog Friedrich I. in Segeberg, die daraufhin eine Kommission nach Preetz entsandten.[90] Zu dieser Kommission gehörte auch Abt Heinrich aus dem Benediktinerkloster Cismar, welches zu diesem Zeitpunkt schon Mitglied der Bursfelder Kongregation war.[91] Die mit den Nonnen ausgehandelten Bestimmungen waren überwiegend wirtschaftlicher Art.[92] Im engeren Sinne reformerisch war lediglich die Inobhutnahme der Preetzer Nonnen durch den Cismarer Abt, der sie zur rechten Observanz nach der Benediktregel führen und ihnen zudem einen Propst stellen sollte.[93] Als seltene Dokumente haben sich zwei Listen erhalten, in denen die Benediktinerinnen namentlich ihre Zustimmung zur Klosterreform gaben. Keine Nonne hat dabei die Einführung der Reform abgelehnt, wobei allerdings fraglich bleibt, ob sie überhaupt die Möglichkeit dazu gehabt hätten.[94] Das typische Element einer Auswechslung des Führungspersonals durch reformierte Ordensschwestern beim *actus reformationis*, wie es zumindest in Reinbek und Harvestehude angedacht war, findet sich bei der Preetzer Reform nicht. Die Priörin Anna von Buchwald behielt ihr Amt bis 1508.

Wie Reformaktivitäten innerhalb eines Konvents vor allem an eine Person geknüpft sein konnten, so konnte auch der Widerstand gegen eine Reform hauptsächlich von einem Amtsträger des Klosters getragen werden; dies war der Fall beim eben schon erwähnten Benediktinerkloster Cismar und seinem Abt Thomas Lunouw (1436-1480). Seine Auseinandersetzungen mit den Lübecker Bischöfen nahmen ihren Anfang schon lange vor der Reform des Konvents. Sie waren begründet in der Kassation seiner Wahl durch den Lübecker Bischof Johannes Schele, welcher ihn als untauglich

---

88 ut eo ferventius in aliis Deo serviant et in servicio eius diligencius existant, et ut promciores, diligenciores et obedientiores sint in omnibus temptandis et factis earum, zit. nach Rosenplänter, Preetz, 155.
89 Diplomatar, ed. Jessien, 399f.; vgl. Rosenplänter, Preetz, 177f.; Buchwald, Anna von Buchwald, 37f., 46f.
90 Finke, Geschichte, 170; Rosenplänter, Preetz, 134f.
91 Die weiteren Kommissionsmitglieder waren Prior Andreas aus Bordesholm, Johann Kok, Bevollmächtigter des Lübecker Bischofs, und die Adligen Benedictus Pogwisch und Ove Rantzau: ebd., 134.
92 Ebd., 135; Finke, Geschichte, 170.
93 Die Nonnen wollten kommen (?) to der rechten observancien na inholde unde uthwiisinge dere regulen Sunte Benedictus yo eere io levere uns dat levere is, zit. nach Rosenplänter, Preetz, 135.
94 Ebd.

bezeichnete.[95] Um seiner Absetzung zu entgehen, behauptete Lunouw daraufhin, dass Kloster sei exemt und daher frei von bischöflicher Jurisdiktion.[96] Obwohl Schele daraufhin auf dem Basler Konzil eine Verurteilung Cismars in allen Punkten erreichte, gelang es dem Konvent, seinen Abt zu behalten.[97] 1442 visitierte Scheles Nachfolger Nikolaus Sachow das Cismarer Kloster und versuchte, den Eigenbesitz im Konvent zu beseitigen, indem er dem Kloster jährliche Zuwendungen zur fehlenden Kleidung der Mönche versprach, wenn die Konventsmitglieder im Gegenzug auf Eigentum verzichten würden.[98] Seiner Initiative war jedoch kein Erfolg beschieden, *quia antiqui malis moribus inveterati semper ficte reformacionem subierunt, ad quod ne reformari egerent*,[99] wie er selbst schrieb. Erst 1449 war es Sachow möglich, endgültig in Cismar durchzugreifen und die Reform einzuführen.[100] Er setzte Lunouw als Abt ab und ließ neben einem neuen Abt und einem Prior gleich neun Mönche aus Bursfelde kommen, um die Reform auch personell im Kloster zu verankern.[101] Wie viele Mönche des alten Konvents in Cismar blieben, ist unbekannt.[102] Aufgrund der großen Zahl neuer Mönche werden jedoch wohl etliche der alten Brüder das Kloster verlassen haben, gerade Lunouw blieb jedoch wohl in Cismar und starb dort erst 1480.[103] Wenn auch danach keine Unruhen mehr im Konvent im Zusammenhang mit der Reformeinführung belegt sind,[104] so war die Reformeinführung in Cismar aufgrund der innerklösterlichen Oppo-

---

95 UBBL II 1528, 615: electio olim de persona dilecti ecclesie filii Thome Lunow monachi dicti monasterii ad monasterium prefatum tunc vacans facta et eidem Johanni episcopo presentata tamquam minus canonice de persona non ydonea celebrata cassata fuisset.
96 Ebd., 615f.; vgl. auch Finke, Geschichte, 167f.; Sielemann/Wülfken, Cismar, 94. Als ein erstes Bemühen um Exemtion lässt sich auch die Unterstellung unter die Visitation des Braunschweiger Ägidienklosters interpretieren, die Cismar 1435 von Papst Eugen IV. erlangte, vgl. Grabkowsky, Cismar, 61.
97 UBBL II 1528, 615-618.
98 UBBL III 1607, 68-70. Diese Schenkung wird auch im Tatenbericht Sachows erwähnt: Ebd. III 1563, 16.
99 Ebd., 19; vgl. Eilermann, Cismar, 102, 104; Grabkowsky, Cismar, 57.
100 UBBL III 1563, 19f. Der Anschluss des Chorherrenstifts Segeberg, dem Sachow gemeinsam mit Cismar 1442 Zuwendungen gegen die Abschaffung des Eigenbesitzes vermacht hatte, an die Windesheimer Kongregation gelang dem Bischof schon fünf Jahre früher, vgl. ebd., 18.
101 Ebd., 19; Ebd. III 1692, 165.
102 Die Konventsgröße wird zwischen 12 und 21 Konventualen betragen haben: Grabkowsky, Cismar, 56.
103 Frau Dr. Anna-Therese Grabkowsky verdanke ich den Hinweis, dass Thomas Lunouw nicht, wie in der Literatur verbreitet, 1447 starb, sondern wohl erst 1480 in Cismar, vgl. LASH Urk.-Abt. 115, Nr. 36 (1450 April 12): Ick Marquard Stake, Ridder [...] do witlick und betuge openbare [...] alse des Everdingen in Gott Vedere Patres Her Thomas wandages Abet und Herr Gherd, na em nu abbet und dat convent. Das Todesjahr 1480 ist den Generalkapitels-Rezessen, ed. Volk I, 187, zu entnehmen (in Cismaria pr. Thomas quondam abbas ibidem), der Todestag (21. Februar) dem Necrologium Cimariense, ed. Kohlmann, 289.
104 Erst 1491/92 berichten die Generalkapitelsrezesse von Auseinandersetzungen Abt Heinrichs mit dem wohl entlaufenen Mönch Heinrich Kunsse, aufgrund der großen Zeitspanne werden diese Streitigkeiten jedoch wohl nicht mehr mit der Reformeinführung zusammengehangen haben: Generalkapitels-Rezesse, ed. Volk I, 254, 258.

sition für Sachow doch *laboriose* gewesen, so sah es jedenfalls sein Nachfolger im Amt, Arnold Westphal.[105]

Schon bei den bisher vorgestellten Konventen ist das ganze Spektrum möglicher grundsätzlicher Verhaltensweisen eines Konvents gegenüber dem *actus reformationis* zu beobachten. Mit der Priörin Anna von Buchwald und dem Abt Thomas Lunouw wird zudem deutlich, welche Bedeutung einzelne Klosterpersönlichkeiten hinsichtlich der Reformfrage gewinnen konnten. Dass der *actus reformationis* sowohl einen die Reform initiierenden als auch einen ihn abschließenden Eingriff ins Kloster darstellen konnte, zeigen die Reformgeschichten der Augustinerchorherrenstifte Segeberg und Bordesholm. Zudem sind bei ihnen gegenseitige Beeinflussungen und Interdependenzen verfolgbar. Sie sollen im Folgenden ausführlicher vorgestellt werden.

3.1.1 Segeberg und Bordesholm – der *actus reformationis* als Anfangs- und Endpunkt von Reformbemühungen

Wie in Cismar brauchte die Reformeinführung im Augustinerchorherrenstift Segeberg mehrere Anläufe. Einen ersten, sehr frühen Versuch hatte bereits wohl der Lübecker Bischof Johannes Schele unternommen. Die Nichteinhaltung seiner Reformbestimmungen entschuldigten die Segeberger nach dem Zeugnis der Lübeckischen Ratschronik mit ihrer Armut: *Se hadden er versocht by bisschop Johan Schelen tyden unde musten dat wedder overgheven umme armodes willen.*[106] Auch nach den ersten Reformbemühungen Nikolaus Sachows, der dem Konvent gegen die Einhaltung des Armutsgebots wie Cismar jährliche Zuwendungen versprach,[107] sollen die Segeberger behauptet haben, ihre Güter würden nicht ausreichen, *dat se darvan leveden in dat ghemene.*[108] Daraufhin griff Sachow ca. zwei Jahre später zum probaten Mittel, reformierte Mönche im Kloster zu installieren. Er veranlasste den Anschluss Segebergs an die Windesheimer Kongregation, indem er Mönche aus bereits inkorporierten Klöstern nach Segeberg kommen ließ.[109] Den alten Brüdern stellte er frei, im Kloster zu bleiben oder es zu verlassen. Obwohl *ghar wennich*[110] der alten Brüder im Konvent blieben, konnte Sachow im Gegensatz zu seinem letztlich erfolgreichen Wirken in Cismar mit dem Anschluss an die Kongregation nur den Grundstein der Reformeinführung le-

---

105 Urkunden, ed. Volk 20, 93.
106 Chroniken Lübeck IV § 1678, 34.
107 UBBL III 1607, 68-70
108 Chroniken Lübeck IV § 1678, 34.
109 Ebd. Ein Generalkapitelsbeschluss der Windesheimer Kongregation belegt, dass die Autorität über den Vollzug des Anschlusses an die Windesheimer Kongregation Visitatoren aus dem Kloster Marienberge bei Aningen übertragen wurde: Acta capituli, ed. van der Woude, 41; vgl. auch Bünz, Zwischen Kanonikerreform und Reformation, 48; Hennings, Seghenberch, 400.
110 Chroniken Lübeck IV § 1678, 34. Die Aussage von Bünz, Zwischen Kanonikerreform und Reformation, 49, der Konvent sei „lediglich durch einige neu zugewanderte Professen der Windesheimer Kongregation ergänzt worden", ist vor dem Hintergrund der genannten Quelle zu hinterfragen. Der Anteil der neuen Brüder am Gesamtkonvent bleibt unbekannt.

gen.[111] In den nächsten Jahrzehnten kam es immer wieder zu Zwistigkeiten und Unruhen im Segeberger Konvent und es bedurfte mehrerer Anstrengungen der Windesheimer Kongregation, um die Reform endgültig durchzusetzen. Über diese Phase der Stiftsgeschichte informiert ausführlich Johannes Busch in seinem „*Liber de reformatione monasteriorum*", in welchem er Segeberg ein eigenes Kapitel widmete.[112]

Erster Prior Segebergs war nach Busch Hermann von Ludingakerk.[113] Dieser resignierte aber nur einige Jahre später sein Amt, da ihn immer wieder Brüder des alten Konvents bei Graf Adolf VIII. verleumdeten, welcher daraufhin Untersuchungen der Zustände im Kloster durch den Lübecker Bischof anstrengte. Auch wenn der Bischof nie etwas beanstandete, hatte Hermann – *invitis plurimis intus et foris*[114] – nicht länger im Kloster ausharren wollen.[115] Sein Nachfolger Johann Lüdinghusen brachte den gesamten Konvent – also auch die neuen Brüder – gegen sich auf, als er, wohl um den ständigen Einmischungen des Grafen sowie den pfarrkirchlichen Verpflichtungen zu entgehen, die Verlegung des Klosters plante.[116] Die Kommunikationsstrukturen der Kongregation nutzend, was ebenfalls für eine Beteiligung der zugewanderten reformierten Brüder in Segeberg am Widerstand gegen ihren Vorsteher Lüdinghusen spricht, sandte der Konvent einen Boten nach Windesheim, um die Abberufung des Priors zu verlangen und dem Generalkapitel die Wahl eines neuen Vorstehers zu übertragen.[117] Dass dieses 1457 den erfahrenen Klosterreformer Johannes Busch wählte, ist ein Hinweis darauf, welcher Handlungsbedarf für Segeberg gesehen wurde. Doch die Wahl Buschs wurde vom Konvent abgelehnt: Laut Buschs eigener Aussage glaubte der Konvent, dem Grafen und den Lübeckern nicht ergeben zu sein, wenn er Busch als Prior akzeptieren würde, da Letzterer mit den Genannten gerichtliche Auseinandersetzungen hätte – der außerklösterliche Einfluss wurde also bei dieser innerklösterlichen Entscheidung maßgeblich.[118] Widersprüchliche Wünsche hinsichtlich eines geeigneten Priors und wiederholte Beschlüsse des Generalkapitels für Segeberg zeugen davon, dass sich die Situation in den nächsten Jahren nicht besserte.[119] Auch der Tod des sich wiederholt einmischenden Grafen im Jahre 1459 änderte daran nichts, vielmehr scheint das allmähliche Aussterben der vorreformerischen Brüder verantwortlich für eine allmählich einsetzende Konsolidierung der Verhältnisse gewesen zu sein.[120] Ab

---

111 Die Bestätigung der Inkorporation Segebergs durch die Kongregation erfolgte 1445: Acta capituli, ed. van der Woude, 41.
112 Busch, ed. Grube I 36, 496-500.
113 Ebd., 497: sub quo nomen prepositi in nomen prioris fuit commutatum.
114 Ebd.
115 Ebd; vgl. Hennings, Seghenberch, 400.
116 Busch, ed. Grube I 36, 498: quod fratribus omnibus communiter non placuit; vgl. Finke, Geschichte, 154f.; Schubert, Kirchengeschichte, 281; Hennings, Seghenberch, 400.
117 Busch, ed. Grube I 36, 498.
118 Ebd., 499: putantes pro duce et Lubicensibus non deservire, cum quibus habueram iudicales actiones et impetitiones; vgl. Hennings, Seghenberch, 400.
119 1459 kam Busch als Visitator nach Segeberg und wurde dort gebeten, die Priorenstelle des Johann Valbert zu übernehmen, im folgenden Jahr wollte man Valbert jedoch behalten: Busch, ed. Grube I 36, 500. Anweisungen an die Visitatoren Segebergs durch das Generalkapitel 1458 und 1461: Acta capituli, ed. van der Woude, 58, 64.
120 Finke, Geschichte, 156; Bünz, Zwischen Kanonikerreform und Reformation, 49f.

1471 kann man unter dem Prior Albert Wiltinck von einer endgültigen Durchsetzung der Reform im Konvent und damit vom Endpunkt des Reformeinführungsprozesses sprechen. Dieser wurde durch eine bauliche Erweiterung des Chores der Segeberger Klosterkirche, welche Wiltinck zur besseren Abschottung der Mönche veranlasste, auch äußerlich sichtbar.[121]

Zugleich gingen nun von Segeberg selbst reformerische Impulse aus.[122] 1474 visitierte nämlich Prior Martin von Segeberg mit seinem Prokurator auf Befehl des erzbischöflichen Administrators von Bremen-Hamburg das benachbarte Augustinerchorherrenstift Bordesholm. Sie fanden laut ihrem Bericht einen Konvent mit schlimmen Zuständen vor: Die Mönche seien vom Leben nach der Regel abgewichen und würden verweltlicht leben.[123] Angeblich mit Zustimmung der Bordesholmer Mönche beabsichtigten sie deswegen den Anschluss an die Windesheimer Kongregation und zeigten auch den Weg dorthin auf:

> Modum et formam ad hoc veniendi, scilicet regulam et statuta, non illa intermixta, sed integra nostra statuta, per Cancellariam sedis Apostolicae examinata, et approbata, ac per devotos Patres et fratres diutius exercitata.[124]

Der Hinweis auf die *statuta intermixta* ist dabei besonders interessant, denn tatsächlich ist schon 1458 ein eigener Reformwille im Bordesholmer Konvent nachweisbar, welcher in erneuerten Statuten für den Konvent mündete:

> Sane ad nostras aures pervenit, quod ingenti gaudio referimus, vos una cum fratribus et personis monasterii vestri unanimi consensu, communique voluntate ad regularis observantiae disciplinam perfectius observandam,[125]

so schrieb der Bremer Erzbischof Gerhard von Hoya (1442-1463) dem Bordesholmer Konvent und gestattete auf dessen Bitten hin, eigenständige Veränderungen der Statuten unter Wahrung des Grundstocks der augustinischen Satzungen vorzunehmen.[126]

Ob diese Reformen in gewisser Konkurrenz zum bereits 1443/44 windesheimisch reformierten Stift Segeberg veranlasst wurden, muss aufgrund fehlender Quellen Spekulation bleiben. Eine Konkurrenzsituation zwischen den beiden Stiften erscheint aber auch im Hinblick auf die harsche Beurteilung Bordesholms durch die Segeberger Visitatoren nicht abwegig. In der weiteren Reformgeschichte Bordesholms ist kein weiterer Segeberger Einfluss mehr nachzuweisen.[127]

---

121 Busch, ed. Grube I 36, 499. Die Fundamente des Chores mit polygonalem 5/8-Schluss, dessen Länge mit 22,6 m fast die Ausmaße des Langhauses erreichte, wurden von Teuchert, Stiftschor, 9-13, archäologisch nachgewiesen. Neben Lübecker Bürgern und Kg. Christian I. hatte auch der Hamburger Rat durch die Stiftung von Fenstern zur Vollendung beigetragen: Kämmereirechnungen, ed Koppmann III, 157.
122 Nach Gleba, Reformpraxis, 70, deutlichster Hinweis auf die erfolgreiche Reformierung eines Klosters.
123 Monumenta, ed. Westphalen II 376, 456.
124 Ebd., 457.
125 Ebd. II 359, 435.
126 Ebd. Auch Heinrich von Schwarzburg, Administrator des Erzbistums Bremen-Hamburg, grenzt in einer Urkunde von 1482 das Leben in Bordesholm secundum ipsius regulae instituta gegen ein Leben nach den Windesheimer Statuten ab: ebd. II 382, 464.
127 Vgl. Finke, Geschichte, 159.

In dem im Bordesholmer Kloster zwischen 1483 und 1494 verfassten Gedicht „*Ordo prepositorum nostri monasterii*" sind auch Reformen des dem Konvent von 1462 bis 1479 vorstehenden Propstes Martin Kale bezeugt.[128] Leider bleibt unbekannt, welcher Art diese Reformen waren. Wie sein Vorgänger Jakob Smyd (1448-1460) sorgte Kale zudem für die Innenausstattung der Kirche und veranlasste den Bau sowohl eines Hospitals als auch einer Bibliothek.[129] Falls die Aussage der Segeberger Visitatoren von der Zustimmung der Bordesholmer zur Inkorporation gestimmt haben sollte, dann hat wohl auch Martin Kale, als Propst zu dessen Amtszeit die Visitation stattfand, einer Inkorporation positiv gegenüber gestanden.[130] Jedoch ist es ebenso möglich, dass die Segeberger das Einverständnis der Bordesholmer nur behaupteten, um leichter einen Anschluss zu erreichen und es Martin Kale und seinem Konvent vielmehr um eigene, von den Windesheimern losgelöste Reformen ging.[131] Zumindest erwirkte wenigstens ein Teil der Bordesholmer Mönche, wenn nicht sogar der ganze Konvent die *Cassatio Literae cujusdum Comissionis per Zegebergenses contra nos productae*:[132] Der Administrator Heinrich von Schwarzburg stellte dem Kloster Bordesholm 1482 ein glänzendes Zeugnis aus und wehrte jede Einwirkung anderer Klöster und jede Inkorporation scharf ab.[133] Nachdem Heinrich von Schwarzburg den Konvent dann 1487 dem ebenfalls nicht inkorporierten Kloster Neuwerk bei Halle unterstellt hatte,[134] verfügte er schließlich 1489 doch den Anschluss des Bordesholmer Konvents an die Windesheimer Kongregation.[135] Impulse aus dem Konvent, dem zu dieser Zeit der Propst Johannes Reborch (1486-1490) und der Prior Johannes Meyer vorstanden,[136] welche den Administrator zu dieser Entscheidung bewegten, sind nicht bekannt. Fraglich ist es daher, Reborch, den Bearbeiter der berühmten Marienklage,[137] als „Spiritus rector dieser geistlichen Neuorientierung"[138] zu betrachten: Eigene Re-

---

128 Analecta ad historiam Novimonasterii, ed. Beeck, 203: Decursis mille quadring. septu. facit ille // Nempe reformari fratres, Domini famulari // Promptius, invite nec subsunt, fit quia rite; vgl. Finke, Geschichte, 157f.
129 Analecta ad historiam Novimonasterii, ed. Beeck, 202f. Laut seinem Testament erneuerte Smyd die Innenausstattung der Kirche und erweiterte die Bibliothek: Monumenta, ed. Westphalen II 366, 445; vgl. auch Schliffka, Augustiner-Chorherrenkloster.
130 Als „dem Beitritt zur Windesheimer Kongregation offen gegenüber steh[end]" beurteilt Bünz, Zwischen Kanonikerreform und Reformation, 55, Martin Kale. Hennings, Bordesholm, 89, unterstellt dem Propst windesheimische Reformbemühungen, indem er behauptet, „dass er [Kale] die Reform betrieben hat".
131 Die Unterteilung in eine Reform- und eine Antireformpartei, wie bei Stork, Bibliothek, passim, greift daher zu kurz.
132 Dieser Titel war der Kassationsurkunde Heinrich von Schwarzburgs an den Bordesholmer Konvent auf den Rand geschrieben worden: Monumenta, ed. Westphalen II 382, 465.
133 Ebd., 463-465.
134 Ebd. II 385, 466f. Für den Administrator lebte der Konvent zu diesem Zeitpunkt schon in regulari observantia: ebd., 467.
135 Johannis Rode Registrum, ed. Capelle 57, 124f.
136 Vgl. zum Wirken Reborchs und Meyers Bünz, Zwischen Kanonikerreform und Reformation, 60-64; Hennings, Bordesholm, 88; zu Reborch auch Lohmeier, Reborch, 302f.
137 Bordesholmer Marienklage, ed. Kühl; vgl. Lohmeier, Marienklage; Eggers, Marienklage; Schulze, Emotionalität; zuletzt Peterson, Devotion and Dramaticity.
138 Stork, Bibliothek, 403.

formbemühungen lassen sich, wie gezeigt, schon sehr viel früher nachweisen und eine windesheimische Reformorientierung zieht erst mit der Inkorporation in den Konvent ein. Letzteres belegt der Bordesholmer Bibliothekskatalog von 1488:[139] Erst als Nachtrag sind dort zwei auf 1493 datierte Bände verzeichnet, welche den Grundstock windesheimischer Literatur enthalten.[140] Sie scheinen extra für den Konvent angefertigt worden zu sein und sollten seinen Mitgliedern „die Möglichkeit bieten, die mit dem Übertritt in die Windesheimer Kongregation gültigen Lebensformen und Verbandstraditionen kennenzulernen und sich diese [...] anzueignen."[141]

Beim offiziellen *actus reformationis* im Sommer 1490 wurde auch in Bordesholm die alte, aus Rebirch und Meyer bestehende Klosterleitung abgesetzt und eine Gruppe reformierter Mönche eingeführt. Der neue Prior Andreas Laer kam mit einem Subprior und zwei weiteren reformierten Mönchen nach Bordesholm, wo er nach eigener Aussage 15 Brüder antraf, von denen drei als Priester auswärts lebten.[142] Von den Mönchen scheint keiner das Kloster verlassen zu haben und auch die ehemalige Klosterleitung blieb im Konvent. Fast sechzigjährig starb Johannes Reborch als hochgeachtetes Mitglied des Stifts.[143] Insgesamt stellte also der *actus reformationis* keinen so radikalen Umbruch wie im Segeberger Konvent dar.[144] Er markierte vielmehr das Ende eines selbständig begonnenen Reformprozesses.

3.2 Aus den Niederlanden und Niedersachsen nach Holstein, Lübeck und Hamburg

Gängige Praxis der Kongregationen war es, mit der Reformeinführung Kräfte aus bereits inkorporierten Klöstern zu beauftragen – sowohl als Visitatoren beim *actus reformationis* als auch zur Entsendung neuer Klosterleitungen. Diese Praxis führte durch die Entstehung von Reformketten neben der regulären Visitationstätigkeit der inkorporierten Klöster untereinander und ihrer Teilnahme auf den Generalkapiteln zu vielfäl-

---

139 Unter Reborch und Meyer wurde 1488 ein die 529 Handschriften und Drucke des Klosters verzeichnender Bibliothekskatalog fertiggestellt; dieser entstand also nicht „infolge der geistlichen Neuorientierung nach dem Anschluss des Stifts an die Windesheimer Reform", wie Stork, Bibliothek, 408, behauptet; vgl. grundsätzlich zur Bordesholmer Bibliothek ebd.; Steffenhagen, bibliographische Untersuchungen; Wetzel, Reste; Schnabel, Klosterbibliothek Bordesholm; dies., Streifzug.
140 Der erste Band (Kiel, Uni.-Bibl., Cod. Ms. Bord. 6 + Kopenhagen, Det Kong. Bib., Gl. Kgl. S. 1594 4°/Kall 299 4°) enthält u.a. das „Chronicon Windeshemense" Johannes Buschs, den „Dialogus noviciorum" des Thomas von Kempen und zwei Grote-Hymnen, der zweite Band (Kopenhagen Det Kong. Bib., Ny. Kgl. S. 275 4°) enthält das „Liber de reformatione monasteriorum" Johannes Buschs, vgl. Lesser, Johannes Busch, 380f./402f.; Steffenhagen, bibliographische Untersuchungen, 109, 122.
141 Lesser, Johannes Busch, 380.
142 Namentlich zählt Laer jedoch nur 14 Mönche auf: Monumenta, ed. Westphalen II 282, 303f. (fälschlich zu 1400); vgl. Kap. 4.3.1, 83.
143 Vgl. die lobende Grabinschrift Reborchs, ed. Finke, Geschichte, 161 Anm. 1; Hennings, Bordesholm, 89.
144 Vgl. Bünz, Zwischen Kanonikerreform und Reformation, 56.

tigen Kontakten und Beziehungen.[145] Im Folgenden sollen die Reformer, die in Holstein, Hamburg und Lübeck wirkten, näher in den Blick genommen werden. Außer beim Benediktinerinnenkloster Preetz war bei allen Klöstern des Untersuchungsraumes hauptsächlich Klosterpersonal aus Gegenden südlich der Elbe mit dem Reformeinführungsprozess betraut. Wie bereits angedeutet, lagen die Klöster weit von den Zentren der Kongregationen entfernt, bestanden also weiträumige Kommunikationswege.[146] Umso interessanter ist daher die Frage, welchen Klöstern das Reformpersonal für die periphere Untersuchungsregion entstammte. Lassen sich bestimmte Klöster ausmachen, die die hauptsächliche Verantwortung für die Konvente im Norden trugen? Zu berücksichtigen ist daneben auch das praktische Wirken der Reformer in den Konventen sowie ihre Zusammenarbeit mit den außerklösterlichen Kräften im Land.

3.2.1 Johannes Busch und die Windesheimer Reformer

Prominentester Reformer im Raum war Johannes Busch, der „actor et scriptor der reformatio monasteriorum".[147] Busch konnte nicht nur die Erfolgsbilanz von über 50 visitierten Klöstern aufweisen, sondern dokumentierte seine jahrzehntelange Tätigkeit auch in dem Rechenschaftsbericht „Liber de reformatione monasteriorum".[148] Keine andere Quelle bietet einen derart detaillierten Einblick in die Reformpraxis der spätmittelalterlichen Observanzbewegung und in das Selbstverständnis ihrer Akteure.[149] Ihr ist auch die anschaulichste Schilderung praktischen Reformwirkens im Untersuchungsgebiet zu verdanken:[150] Busch visitierte im Jahre 1449 bei einem Aufenthalt in Lübeck das Zisterzienserinnenkloster St. Johannis – ein guter Beleg dafür, dass sein reformerisches Wirken nicht an den Ordensgrenzen haltmachte[151] – und fand dort das Armutsgebot verletzt. Die Nonnen gaben ihre Einnahmen zwar der Äbtissin, welche diese in einem Schrank mit einzelnen Fächern aufbewahrte, zu dem nur sie einen Schlüssel besaß. Hatte eine Nonne jedoch ein Bedürfnis, so konnte sie sich an die Äbtissin wenden, die ihr daraufhin das benötigte Geld aushändigte. Diese Praxis verurteilte Busch als Eigenbesitz, indem er darauf verwies, dass die Äbtissin als Kloster-

---

145 Zur Visitationstätigkeit und Rolle der untersuchten Klöster auf ihren Generalkapiteln vgl. Kap. 4.1, 69-74 u. Kap. 4.2, 74-79.
146 Vgl. Kap. 1, 10f.
147 Mertens, Reformbewegungen, 165; vgl. zur Biographie Buschs Iserloh, Busch, 1115; Meyer, Johannes Busch und die Klosterreform, 44f.
148 Busch, ed. Grube. Daneben verfasste Busch eine größere Anzahl weiterer Werke, unter ihnen das „Chronicon Windeshemense", aber auch viele kleinere Schriften, vgl. als neueste, umfassende Untersuchung zum Werk Buschs Lesser, Johannes Busch.
149 In der Forschung wird gegen Busch oft der Vorwurf erhoben, er habe sich in seinem reformerischen Wirken nur um eine äußerliche Herstellung des regularen Lebens bemüht und eine innere Reform vernachlässigt, vgl. Meyer, Johannes Busch und die Klosterreform, 43, 49-51; Staubach, Zwischen Bursfelde und Windesheim, 119; dagegen zuletzt Lesser, Johannes Busch, 292, 522.
150 Das Folgende nach Busch, ed. Grube II 48, 671f.; dt. Übersetzung bei Brehmer, Aus den Berichten, 120f.; vgl. auch Winter, Cistercienser, 121f.; Graßmann, St. Johannis, 366.
151 Vgl. zum ordensübergreifenden Wirken Buschs auch die Liste der von Busch reformierten Klöster in Grube, Augustinerpropst, 292-295.

vorsteherin nicht frei über diese Gelder verfügen könne. Als ihn daraufhin die Nonnen fragten, ob sie denn guten Gewissens einen Denar in der Messe am Altar opfern könnten, antwortete ihnen Busch laut seiner eigenen Schilderung drastisch und anschaulich:

> Quando denarium ad altare defertis vel transmittis, tunc deo demonstratis, quod proprietarie estis quasi diceretis deo: ‚Domine deus! Si oblitus estis me esse proprietariam, ecce denarius iste verus est testis mee proprietatis et damnationis eterne.[152]

Im Fall des Falles schreckte Busch bei seinem Reformwerk auch vor der Anwendung von Gewalt nicht zurück. Berühmt ist seine Schilderung der *reformatio per suspendium* durch Hz. Albrecht V. von Österreich.[153] Diese rigorose Haltung ergab sich aus seiner „Auffassung von rechter Klosterreform als Wiederherstellung der fundamentalen klösterlichen Heilsfunktion",[154] welche auch die zitierte Antwort an die Nonnen belegt. Gängige Praxis der Klosterreformer war es, ihre Reformaufträge in Zusammenarbeit mit den örtlichen kirchlichen und weltlichen Autoritäten wahrzunehmen, und so betonte Busch in seinem Werk immer wieder sein gutes Verhältnis zu diesen Personen. Als „beeindruckend"[155] lobte er den Lübecker Bischof Arnold Westphal, der ihm zwar in der Frage der Reformeinführung im Johanniskloster nicht helfen konnte, weil sich der Rat dagegen sperrte,[156] jedoch Buschs Reformtätigkeit in dem semireligiosen Konvent der Schwestern vom gemeinsamen Leben in Lübeck unterstützte.[157] Interessanterweise berichtet Busch aber auch von Auseinandersetzungen mit weltlichen Machthabern des Untersuchungsraumes, nämlich von gerichtlichen Auseinandersetzungen, die er mit Graf Adolf VIII. und den Lübeckern hatte, als er sich 1444 für den gefangenen Verwandten eines Mitbruders einsetzte.[158] Der starke Einfluss des Grafen war es auch, der Busch dazu bewegte, die Wahl zum Prior von Segeberg nur unter Ausschaltung des gräflichen Einflusses anzunehmen. Als ihm die Segeberger Mönche dies verweigerten, lehnte er ab.[159] Überraschend ist, dass er in den beiden Augustinerchorherrenstiften des Landes nicht im Sinne der Reform wirkte, obwohl er beide vor ihrer Inkorporation besuchte, als er sich für den Gefangenen einsetzte. Gerade in Segeberg war zudem bereits zwei Jahre zuvor eine Reform durch den Lübecker Bischof Nikolaus Sachow eingeleitet worden. Busch verliert jedoch über dessen Aktivitäten als auch über eigenes Handeln kein Wort.[160] Von Segeberg aus besuchte er ebenfalls Bordesholm, wo ihn der Propst auf den großen Reichtum des Konvents im

---

152 Busch, ed. Grube II 48, 671.
153 Ebd. IV 7, 736; vgl. hierzu und zu weiteren gewalttätigen Reformbemühungen Lesser, Johannes Busch, 287f.; Staubach, Zwischen Bursfelde und Windesheim, 117f.; Mertens, Reformbewegungen, 166f.
154 Lesser, Johannes Busch, 279.
155 Busch, ed. Grube II 49, 673: episcopus Lubicensis dominus Arnoldus utriusque iuris doctor egregius; vgl. zum Verhältnis zwischen Busch und Westphal auch Grube, Augustinerpropst, 230f.
156 Busch II 48, 672; vgl. auch Kap. 3.3.1.1, 43 u. Kap. 3.3.4.1, 58.
157 Busch, ed. Grube II 49, 673.
158 Ebd. I 36, 499; Ebd. III 31, 780-782.
159 Ebd. I 36, 499.
160 Busch (ebd. III 31, 781) beschrieb das Kloster als noch nicht reformiert: in monasterio ordinis nostri ante eorum reformationem; vgl. hierzu auch Bünz, Zwischen Kanonikerreform und Reformation, 47f.; Hennings, Seghenberch, 399f.

Vergleich zu Segeberg hinwies und ihn fürstlich bewirten ließ.[161] Jedoch machte Busch für Bordesholm keine weiteren Aussagen zu den klosterinternen Zuständen oder etwaigen Reformbemühungen. Zwar visitierte der Reformer nach der Inkorporation Segebergs noch einige Male das Stift; insgesamt war jedoch seine Tätigkeit im Untersuchungsgebiet – sieht man von seinen erfolgreichen Bemühungen um die Schwestern vom gemeinsamen Leben in Lübeck ab – nicht so bedeutsam wie beispielsweise im Niedersächsischen.[162]

Die Reformeinführung und -durchsetzung in den beiden Chorherrenstiften war vielmehr das Werk anderer Windesheimer Reformer. Mit dem ersten *actus reformationis* im Land, in Segeberg, wurden vom Generalkapitel zwei westfriesische Klöster betraut, nämlich Marienberge bei Aningen und Ludingakerk.[163] Während Ersteres Segeberg visitierte und der Kongregation anschloss, stellte Letzteres den ersten Prior Hermann. Beide waren keine reformerischen Zentren der Kongregation. Hermann von Ludingakerk ist der einzige bekannte Reformer, der für das Kloster genannt wird.[164] Von den beiden Konventen waren es ca. 400 km bis nach Segeberg. Wenn zum Zeitpunkt der Inkorporation zwar auch schon Klöster angeschlossen waren, die näher bei Segeberg lagen, herrschte der niederländische Charakter der Kongregation augenscheinlich noch vor.[165] Mit der allmählichen Ausdehnung der Kongregation und konkret mit dem Amtsantritt des Priors Johann Lüdinghusen im Jahre 1453 übernahmen dann jedoch hauptsächlich drei Konvente aus Niedersachsen und Westfalen die Reformaufgaben in Holstein, Lübeck und Hamburg: Frenswegen bei Nordhorn, Böddeken und Möllenbeck.[166] Diese drei Konvente hatten in der Reformkette Frenswegen-Böddeken-Möllenbeck ein reformerisches Netzwerk ausgebildet, welches sich durch den Austausch von Brüdern und eine gemeinsame Reformtätigkeit definierte. Insbesondere die Prioren von Möllenbeck und Böddeken visitierten und reformierten oft gemeinsam. Alle drei Klöster waren zudem ausgesprochene Reform- und Personalzentren der Kongregation und übernahmen so wichtige Multiplikatorenrollen.[167] Ihr Wirken in Holstein gleicht zeitlich dem Ablauf ihrer Reformkette: Der Segeberger Prior Hermann von Lüdinghusen entstammte dem Kloster Frenswegen bei Nordhorn,

---

161 Busch, ed. Grube III 31, 781: In crastinum prepositus de Zegenberghe Marcquardus et prior Iohannes Smit miserunt nos cum curru suo in Borsholme ad quatuor inde distans miliaria, ubi multum graciose a preposito et fratribus omnibus fuimus recepti. Tunc prepositus ille dixit: ‚Si in Zeghenberghe vos bene tractaverunt, nos in duplo illis sumus ditiores, ideo melius vos pertractare volumus quam illi'.
162 Vgl. Grube, Augustinerpropst, 292-295.
163 Acta capituli, ed. van der Woude, 41; Busch, ed. Grube I 36, 497. Die Lübecker Ratschronik (Chroniken Lübeck IV § 1678, 34) schreibt auch von Brüdern aus Westfalen, die Sachow in den Konvent holen ließ, wofür es jedoch keine weiteren Belege gibt.
164 Vgl. Weiler/Geirnaert, Lunenkercke, 310.
165 So u.a. Wittenburg im Bistum Hildesheim, vgl. zur Ausbreitung der Kongregation Kohl, Windesheimer Kongregation, 90-92.
166 Eine Ausnahme ist der Segeberger Albert Wiltinck, Profess von Windesheim, der aus Bocholt nach Segeberg kam, vgl. Hennings, Seghenberch, 401. Eventuell entstammte ein Bordesholmer Prior dem Kloster Arnheim in den Niederlanden, vgl. Kap. 4.3.1, 83. 1508 wurde Bordesholm zudem durch das niedersächsische Kloster Wittenburg visitiert, vgl. Kap. 4.2.1, 75.
167 Vgl. Kohl, Noerthorn, 150-152; Segin, Bodiken, 67-69 mit lückenhaften Angaben zur Reformtätigkeit; Brosius, Moelembeke, 301-303; Acquoy, Windesheim 3, 28-30, 59-62, 110-112.

sein Nachfolger Johann Valbert dem westfälischen Kloster Böddeken, welches mit dem niedersächsischen Möllenbeck 1490 mit dem Anschluss des Bordesholmer Chorherrenstifts betraut wurde. Der Konvent von Möllenbeck stellte dabei den ersten Bordesholmer Prior Andreas Laer.[168] Um die genannten Reformaufgaben wahrnehmen zu können, mussten die Reformer dieser Stifte jeweils über 200 km zurücklegen, doch befanden sich zwischen ihnen und den beiden norddeutschen Chorherrenstiften auch kaum andere Klöster der Kongregation: Segeberg und Bordesholm bildeten gewissermaßen eine Enklave.[169]

Der Reformerfolg in einem Konvent hing nach dem *actus reformationis* zu einem großen Teil von der Durchsetzungsfähigkeit und Eignung seiner neuen Leitung ab. Insbesondere bei der von Busch ausführlich mitgeteilten Reformgeschichte Segebergs lässt sich das zunächst mühsame, aber letztlich doch erfolgreiche Wirken der Windesheimer Reformer gut nachvollziehen. So hielt es der erste Prior Hermann zwar trotz der Opposition im Konvent einige Jahre in Segeberg aus, doch benötigte er immer wieder die Unterstützung des Lübecker Bischofs gegen die Verdächtigungen Graf Adolfs VIII. Vor dem Einfluss der Gegner drinnen und draußen resignierte er schließlich und dankte ab.[170] Der nächste Prior Johann Lüdinghusen brachte durch seine Verlegungspläne für das Stift in ungeschickter Weise den ganzen Konvent gegen sich auf, so dass ihm schließlich ein Bote zum Generalkapitel hinterhergeschickt wurde, der seine Abberufung verlangte.[171] Auch Lüdinghusens Nachfolger Johann Valbert hatte Probleme mit dem Konvent und wurde – nachdem ihn der Konvent erst durch Busch hatte ersetzen lassen wollen und dann im folgenden Jahr hatte behalten wollen – schließlich doch nach Böddeken zurückgeschickt.[172] Danach scheint es so gewesen zu sein, als ob das Generalkapitel Segeberg eine Zeit lang sich selbst überlassen hätte, in welcher vor allem Prioren aus den eigenen Reihen mit sehr kurzen Amtszeiten regierten.[173] Erst mit Prior Albert Wiltinck aus Bocholt, der sein Amt um 1470 antrat, scheint sich die Situation geändert zu haben. Busch berichtet von Reformerfolgen: So veranlasste Wiltinck den Chorausbau und wollte nun auch Segeberg zum Ausgangsort von Reformen machen, indem er sich um die Reform in Bordesholm und im dänischen

---

168   Falsch bei Stork, Bibliothek, 405, der behauptet, Böddeken habe Bordesholm mehrfach reformiert und den Gründungskonvent für Segeberg gestellt. Möllenbeck ist später auch noch einmal als Visitator Bordesholms belegt, vgl. Kap. 4.2.1, 75.
169   Vgl. Karte in Kohl/Persoons, Monasticon Windeshemense, 511.
170   Busch, ed. Grube I 36, 497: Sed quia subversores et mendaces de antiquis secum habuit fratres, qui duci Holzaciae Adolpho et familie sue ad monasterium et ad ecclesiam sepe venientibus falsa et mendosa de ipso loquebantur, que per episcopum Lubicensem examiniri fecit dux et falsa esse invenit et mentita, et quia multo tempore bis vel ter in anno id sibi contigit, ut episcopus ad examen tale vocaretur et semper contrarium inveniret, hoc ipse diutius sustinere nolens, invitis plurimis intus et foris, prioratum resignavit.
171   Ebd., 497f.: Lüdinghusen wird als guter Redner dargestellt und als Empfänger von Visionen charakterisiert.
172   Ebd., 499f.
173   Ebd., 499; vgl. Abtsliste bei Hennings, Seghenberch, 406f.

Kloster Æbelholt bemühte.[174] Unklar muss hierbei bleiben, inwieweit dieser Erfolg neben einer allmählichen Veränderung der Konventszusammensetzung auch in der Persönlichkeit Wiltincks begründet lag.[175] Die Visitation seines Nachfolgers Martin in Bordesholm ist, die bursfeldischen Reformbemühungen Heinrich von Cismars um Preetz ausgenommen, der einzige Fall, dass innerhalb des Untersuchungsraumes ein Kloster mit der Reform eines anderen betraut wurde. Bezeichnenderweise scheint gerade diese Aktion aufgrund von Auseinandersetzungen zwischen den beiden Stiften gescheitert zu sein.[176] Nicht ohne Grund griff daher wohl die Windesheimer Kongregation, nachdem der Administrator von Bremen-Hamburg die Inkorporation Bordesholms schließlich doch erlaubt hatte, nicht auf die benachbarten Segeberger zurück, um diese zu vollziehen, sondern auf die erfahrenen Reformer von Böddeken und Möllenbeck. Das Wirken des ersten Bordesholmer Priors Andreas Laer, welcher ursprünglich aus Deventer stammte, war erfolgreich. Nach seinem Tode 1501 konnte die Leitung des Konvents bereits einem einheimischen Mönch anvertraut werden, der schon vor der Reform im Kloster gelebt hatte, ohne dass etwas von dadurch bedingten Unregelmäßigkeiten zu hören ist.[177] Auch in der Folgezeit übernahm Personal aus dem eigenen Konvent die Leitung in Bordesholm; lediglich beim Prior Bernhard von Aernhem, welcher dem Konvent von 1516 bis 1560 vorstand, ist aufgrund seines Namens zu vermuten, dass er ursprünglich aus den Niederlanden stammte.[178]

3.2.2 Die Bursfelder Reformer

Lag das Zentrum der Windesheimer Kongregation in den Niederlanden, so war die Bursfelder Kongregation vor allem im niedersächsischen Raum vertreten, befand sich also hinsichtlich ihrer Verbreitung näher am Untersuchungsgebiet.[179] Dennoch mussten die Bursfelder Reformer, welche als Erste dort wirkten, vom Mutterkloster der Kongregation knapp 400 km bis nach Cismar zurücklegen. Bereits als fünftes Mitglied wurde das Benediktinerkloster Cismar so 1449 Teil des erst zehn Jahre zuvor gegründeten Reformverbandes.[180] Die hohe Anzahl von einem Abt, einem Prior und neun Mönchen, die Bursfelde nach Cismar schickte, zeigt, dass bereits in der jungen Kongregation genügend personelle Ressourcen zur Multiplikation der Reformbewegung zu Verfügung standen. Aufgrund eines Eintrags im Cismarer Nekrolog wird zudem vielfach davon ausgegangen, dass Abt Johannes Hagen (1439-1469), der Nachfolger des Bursfelder Reformabtes Johannes Dederoth (1433-1439) und der eigentliche Begrün-

---

174 Busch, ed. Grube I 26, 499, löst sein Versprechen nicht ein, an anderer Stelle über diese Reformbemühungen zu sprechen. Zu einer Inkorporation Æbelholts ist es nach der Darstellung Kohls, Windesheimer Kongregation, 90-92, nicht gekommen.
175 Die alten Brüder werden allmählich aussterben sein, vgl. Kap. 3.1.1, 25.
176 Monumenta, ed. Westphalen II 376, 455-458, vgl. Kap. 3.1.1, 26.
177 Albertus Pren, Prior 1502-1515, dessen Professurkunde, LASH Urk.-Abt. 116, Nr. 210, einen Eintritt in den Konvent vor der Windesheimer Reformeinführung belegt, vgl. auch Kap. 4.3.1, 83.
178 LASH Urk.-Abt. 116, Nr. 211 (Bernhardus Aernhem); vgl. Abb. 1.
179 Vgl. die Karten in Kohl/Persoons, Monasticon Windeshemense, 511 u. Volk, Register, 307.
180 Vgl. Grabkowsky, Cismar, 67.

der des Klosterverbandes,[181] persönlich an der Reformeinführung in Cismar beteiligt war.[182] Die Bezeichnung als *reformator hujus monasterii*[183] kann allerdings auch im übertragenen Sinn gemeint gewesen sein; weitere Belege für Aktivitäten Hagens in Cismar gibt es jedenfalls nicht. Zum frühen Zeitpunkt der Cismarer Inkorporation war Bursfelde noch das alleinige Zentrum der Kongregation. Im Laufe des 15. Jahrhunderts gewannen jedoch andere inkorporierte Klöster eine größere Bedeutung als die Gründungsabtei und bildeten neue Zentren aus. Dies war möglich, weil die Bursfelder Kongregation zwar im Bursfelder Abt ihr Oberhaupt, aber anders als bei der Windesheimer Kongregation im Bursfelder Kloster nicht ihren Hauptort hatte, sondern in wechselnden Klöstern tagte.[184] Das rapide Wachstum der Kongregation führte zudem zu ihrer Regionalisierung und zur Aufteilung in feste Substrukturen, in drei so genannte *termini* im Jahre 1474 bzw. ab 1476 *circariae*.[185]

Aus der *circaria Inferioristarum*, zu der Cismar gehörte, stammten auch die Äbte der Klöster, die 1482 vom Administrator des Erzbistums Bremen-Hamburg, Heinrich von Schwarzburg, mit der Reform Harvestehudes beauftragt wurden: Herbord von St. Paul vor Bremen und Andreas von Rastede.[186] Bei St. Paul handelte es sich um ein Kloster, welches in größerem Umfang reformierend wirkte. Zudem waren ihm vier Zisterzienserinnenklöster unterstellt, welche im Sinne der Bursfelder Observanz reformiert worden waren.[187] Die Bursfelder reformierten nämlich nicht nur häufig Zisterzienserinnenklöster, sondern übernahmen im Anschluss in vielen Fällen auch die geistliche Oberaufsicht über diese Frauenkonvente und kontrollierten so die Durchsetzung der Reform.[188] Seltsam ist, dass das zweite mit der Reformeinführung beauftragte Kloster Rastede zum Zeitpunkt des Reformauftrags noch gar nicht offiziell der Kongregation inkorporiert worden war; dies geschah erst ein Jahr später.[189] Eine mögliche Erklärung wäre die direkte Beauftragung der Visitatoren durch den Administrator ohne Einbeziehung des Bursfelder Generalkapitels in die diesbezügliche Kommunikation. Ein weiterer Bursfelder Teilnehmer der Harvestehuder Reformkommission war Johann Murmester, Propst des kurz zuvor reformierten Nonnenkonvents von Buxtehude, welchen Heinrich von Schwarzburg aufgrund seiner familiären Verbindungen zu Hamburg personell geschickt auswählte.[190]

---

181 Vgl. zu Dederoth und Hagen und den Anfängen der Bursfelder Kongregation Becker, Reformbewegungen, 181f.; Heutger, Bursfelde, 18-22; Ziegler, Bursfelder Kongregation, 85f.
182 Necrologium Cismariense, ed. Kohlmann, 331; vgl. Finke, Geschichte, 168; Freytag, Zentren, 153; Schubert, Kirchengeschichte, 389.
183 Necrologium Cismariense, ed. Kohlmann, 331.
184 Hammer, Substrukturen, 407-411.
185 Ebd., 411-415; vgl. hinsichtlich des Wachstums der Kongregation auch die Zusammenstellung der Bursfelder Klöster inner- und außerhalb Niedersachsens bei Heutger, Bursfelde, 112-142.
186 Langenbeck, ed. Lappenberg, 431.
187 Stumpf, St. Paul, 38.
188 Möglich wurde dies durch die nicht oder kaum vorhandene Ordensbindung der Zisterzienserinnenkonvente: Vom Zisterzienserorden wurde keinerlei Protest gegen die Observanzwechsel erhoben, vgl. Gleba, Reformpraxis, 35f.
189 Volk, Register, 94; Heutger, Bursfelde, 133.
190 Langenbeck, ed. Lappenberg, 341; vgl. Raape, Aufstand, 16.

Der Reformbefehl für das Zisterzienserinnenkloster Reinbek ging nicht von bischöflicher, sondern sogar von höchster kirchlicher Instanz aus: Papst Alexander VI. (1492-1503) beauftragte hierfür zwei der bedeutendsten Klöster der Bursfelder Kongregation, die Hildesheimer Abteien St. Michael und St. Godehard.[191] Sie gehörten im Gegensatz zu den Visitatoren Harvestehudes nicht zur gleichen Substruktur wie Cismar, jedoch war diese Unterteilung zum damaligen Zeitpunkt auch weitgehend wieder aufgehoben worden.[192] Ein Brief der beiden Äbte an Herzog Friedrich I. zeigt, welche Forderungen die Visitatoren – ausgestattet mit dem päpstlichen Reformauftrag – gegenüber dem weltlichen Machthaber erhoben: So verlangten sie des Herzogs Anwesenheit bei der Reformeinführung sowie die Beschaffung eines mit genügend Geldmitteln ausgestatteten Propstes und eines Beichtigers. Zudem sollte der Herzog an den Bischof von Verden schreiben und diesen um eine Gruppe reformierter Nonnen für Reinbek bitten.[193] Auch die Visitatoren Harvestehudes traten gegenüber dem Hamburger Rat selbstbewusst auf. Kurzfristig verlangten sie, sich auf die Autorität Heinrich von Schwarzburgs berufend, am Abend vor ihrem Eintreffen das Erscheinen einer Ratsdelegation im Harvestehuder Kloster am nächsten Morgen.[194]

Wie schon aufgeführt, war Preetz das einzige Kloster der Untersuchung, um dessen Reform sich allein inländische Kräfte bemühten. Auf Bitten der Nonnen entsandte der Landesherr eine Reformkommission um den Abt Heinrich von Cismar ins Preetzer Kloster. Der Cismarer Abt hatte zwar auch schon zuvor das Kloster visitiert, doch nun wurde er als Vorsteher eines bursfeldisch reformierten Klosters offiziell mit der Inobhutnahme des Preetzer Konvents betraut und sollte für die Einhaltung der rechten Observanz sorgen. Auch verpflichtete er sich, dem Konvent einen Propst aus Cismar zu stellen.[195]

3.3 Initiatoren, Förderer, Verhinderer – Die Reform im außerklösterlichen Handlungsfeld

Wie in den vorherigen Kapiteln bereits deutlich wurde, waren die Klosterreformen kein alleiniges Produkt der Initiativen innermonastischer Akteure und Reformkongregationen, sondern entstanden in enger Verflechtung der Klöster mit Kirche und Welt: Hier entschloss man sich zumeist für die Reform eines Klosters, hier initiierte und organisierte man deren Einführung. Zugleich fanden im außerklösterlichen Umfeld die geplanten oder bereits durchgeführten Reformen ihr Echo – wurden gefördert, unterstützt, aber auch behindert und im schlimmsten Fall verhindert. Hauptsächliche Akteu-

---

191 APD V 3533, 153f.; Urkundenverzeichnis, ed. Heuer 179, 192; vgl. zu den Klöstern Hammer, Substrukturen, 407f.; Reuther, St. Godehard, 203; Faust, St. Michael, 225.
192 Hammer, Substrukturen, 415.
193 Urkundenverzeichnis, ed. Heuer 182, 193.
194 StaHH 741-1 Abschriften und Auszüge aus eigenen Archiven A1, 1461-1500, 4.11.1482, zit. nach Urbanski, Frunde, 413; vgl. auch Langenbeck, ed. Lappenberg, 341, welcher die späte Ankündigung (die er allerdings dem Administrator zuschreibt) in seinem Bericht kritisiert.
195 Vgl. Kap. 3.1, 22. Vor der Reformeinführung hatte der Cismarer Abt noch 1489 den Nonnenkonvent visitiert, vgl. Rosenplänter, Preetz, 136.

re dieses Umfelds waren die Bischöfe und Landesherren, bei den Stadtklöstern auch die Stadträte. Aufgrund tatsächlicher oder behaupteter Rechte, die ihrem Amt innewohnten, erworben oder ererbt waren, konnten sie direkt auf die Klöster einwirken und in das monastische Leben eingreifen.[196]

Das Untersuchungsgebiet unterstand der bischöflichen Metropolitangewalt des Erzbischofs von Bremen-Hamburg und seiner Suffragane, den Lübecker Bischöfen, aber auch dem Hamburger Domkapitel.[197] Das Lübecker Stadtgebiet unterstand dem dortigen Domkapitel.[198] Keines der fünf Klöster hatte einen bischöflichen Landesherren, sondern die Konvente in Holstein unterstanden der landesherrlichen Gewalt der Grafen bzw. ab 1474 der Herzöge des gleichnamigen Gebiets, während St. Johannis in Lübeck und Harvestehude bei Hamburg maßgeblich unter dem faktischen Einfluss der Stadträte standen.[199] Neben diesen Amtsinhabern konnten aber auch andere Bevölkerungsgruppen Einfluss auf die Reformeinführungen nehmen; vor allem die Verwandten der Nonnen aus Adel und Bürgertum behaupteten hierbei oft eine aktive Rolle.[200]

Trotz überall ähnlicher Zeittendenzen sind die Anteile der vorgestellten Handlungsträger an der Klosterreform des Spätmittelalters von Territorium zu Territorium unterschiedlich groß. Dies kann sowohl in den politischen Erwägungen und individuellen Haltungen der Akteure begründet sein als auch von der Struktur der Diözesen und Territorien abhängen. Bei der Untersuchung dieser Anteile für Holstein, Hamburg und Lübeck ist insbesondere die Aktivität der Bischöfe in den Blick zu nehmen. Denn während es als eine gesicherte Erkenntnis gilt, dass die Klosterreformen für die weltlichen Fürsten einen wesentlichen Baustein zur Etablierung des landesherrlichen Kirchenregiments darstellten,[201] ist der Anteil der Bischöfe an den Reformen und die Frage nach der Motivation ihres Handelns noch immer umstritten und hat bisher ein eher nachrangiges Interesse erfahren.[202]

---

196 Elm, Überblick, 13f.; Neidiger, Erzbischöfe, 74; Becker, Reformbewegungen, 169f.
197 Lediglich das Gebiet von Kiel und Bordesholm-Neumünster zwischen Holstein und Wagrien unterstand dem Erzbischof von Bremen-Hamburg direkt, vgl. Schubert, Kirchengeschichte, 240f.; vgl. allgemein Prange, Bistum Lübeck; Vogtherr, Erzbistum Bremen(-Hamburg); Boockmann, Diözesanverwaltung.
198 Hauschild, Kirchengeschichte Lübecks, 125.
199 Hamburg war im Gegensatz zu Lübeck zu diesem Zeitpunkt jedoch noch keine Reichsstadt. Während dem Konvent von St. Johannis in Lübeck seit Mitte des 14. Jahrhunderts die beiden ältesten Bürgermeister als Provisoren vorstanden, wurde eine ähnliche Regelung für Harvestehude erst nach dem gescheiterten Reformversuch getroffen, dennoch war schon vor der Reform der Hamburger Rat weltlicher Ansprechpartner Heinrich von Schwarzburgs, vgl. Rüther, Prestige und Herrschaft, 122; Graßmann, St. Johannis, 365; Lappenberg, Herwardeshude, 542; Urbanski, Harvestehude, 42.
200 Vgl. Schreiner, Auslegung, 185; Neidiger, Stadtregiment, 541.
201 V.a. durch die Untersuchungen Stievermanns, dessen territorial-landesgeschichtlichen Zugriff die frömmigkeitsgeschichtlichen Studien Neidigers zur Seite zu stellen sind, vgl. Kap. 1.1, 10 Anm. 8.
202 Vgl. die Darstellung der Forschungsgeschichte bei Kemper, Worms, 11-25; Beitrag zur überregionalen Erfassung der Reformbemühungen der Bischöfe: Seibrich, Episkopat.

3.3.1 Die Bischöfe

Grundsätzlich ist zu betonen, dass die Reformbemühungen der Lübecker Bischöfe und ihrer Metropoliten im Untersuchungsraum allein auf der bischöflichen Ordinarsgewalt basierten, da keines der Klöster auf bischöflichem Territorium lag. Dies ist umso bedeutender, wenn man sich vor Augen führt, dass die Wirkmächtigkeit der Bischöfe hinsichtlich der Klosterreform in der Forschung als sehr viel größer beurteilt wird, wenn diese als Landesherren im eigenen Territorium agierten.[203] Neben der allgemeinen Ordinarsgewalt konnten sich die Erzbischöfe von Bremen-Hamburg und ihre Suffragane ab 1436 auf die Konzilsbulle „*Inter curas innummeras*" stützen, welche die Bischöfe zur Klosterreform aufrief.[204] Die unmittelbare Wirkung der Bulle scheint jedoch gering gewesen zu sein und für den Untersuchungsraum ist es nicht belegt, dass einer der Bischöfe zur Begründung seines Handelns auf die Bulle rekurrierte.[205]

Fragt man nach den Motiven des bischöflichen Handelns für die Reform, so lagen diese einerseits im Amt begründet, waren politischer, ökonomischer oder sozialer Natur, andererseits hingen sie auch von der Persönlichkeit der Bischöfe ab, von ihrer Frömmigkeit und Bildung. Diese möglichen Motivationen sind nicht zu verallgemeinern, sondern müssen für jeden Bischof einzeln examiniert werden.[206] Grundsätzlich war für alle Bischöfe die mögliche Änderung der Rechtsstellung eines Klosters durch den Anschluss an eine Kongregation zu berücksichtigen. So ging von Beginn an mit der Inkorporation in die Windesheimer Kongregation eine Exemtion von der bischöflichen Rechtssprechung einher.[207] Dagegen blieben zwar die Klöster der Bursfelder Kongregation dem Bischof unterstellt und verpflichteten sich, weiterhin die Provinzialkapitel zu besuchen, doch auch hier verlor er einen Teil seines Einflusses an die Kongregation.[208] Die konkreten Reformaktivitäten der Bischöfe gestalteten sich unterschiedlich; nicht selten wirkten die Bischöfe mit Landesherren und Stadträten zusammen und stützten sich bei der Reformeinführung auf deren „weltlichen Arm."[209]

Im Untersuchungsraum sind die bischöflichen Reforminitiativen in zwei Epochen teilbar und diese hauptsächlich mit zwei Männern verknüpft, eine frühere mit dem Lübecker Bischof Nikolaus Sachow (1439-1449) und eine spätere mit dem Administrator des Erzbistums Bremen-Hamburg und dem Bischof von Münster Heinrich von Schwarzburg (1463/1466-1496). Während sich die Aktivitäten Sachows auf Vorbereiter und Nacheiferer in seinem Bistum stützen konnten, blieben die Reformbemühun-

---

203 Neidiger, Erzbischöfe, 50f., 77; Seibrich, Episkopat, 275f.; Gleba, Reformpraxis, 57.
204 Die Konzilsbulle vom 27.5.1436 richtete sich an die Erzbischöfe von Magdeburg, Mainz, Köln, Trier, Salzburg, Bremen, Riga, Uppsala, Lund und Trondheim und ihre Suffragane: Helmrath, Capitula, 94.
205 Die Bulle ist in nur drei Handschriften überliefert, eine davon stammt aber aus dem Kloster Cismar: ebd.
206 Seibrich, Episkopat, 265.
207 Acquoy, Windesheim 2, 78; Hofmeister, Verfassung der Windesheimer Augustinerchorherren-Kongregation, 178; Kohl, Windesheimer Kongregation, 94, 102.
208 Hofmeister, Verfassung der Bursfelder Kongregation, 38f.; Becker, Reformbewegungen, 182f.; Heutger, Niedersächsische Ordenshäuser, 277; Mertens, Reformbewegungen, 180.
209 Seibrich, Episkopat, 298f.; Stievermann, Klosterreformen, 67.

gen Schwarzburgs eine singuläre direkte Einflussnahme des Erzbistums im Untersuchungsgebiet.

3.3.1.1 Die Bischöfe von Lübeck

Schon beim ersten der Lübecker Reformbischöfe trifft die allgemeine Feststellung SEIBRICHs, dass das Wissen um den konkreten Werdegang der Bischöfe meist zu gering gewesen sei, um die „Herkunft des konkreten Reformwillens"[210] bestimmen zu können, nicht zu. SEIBRICH selbst führt den Lübecker Bischofs Johannes Schele (1420-1439) als Ausnahme an. Nicht nur die Karriere des gelehrten Hannoveraner Bürgersohnes und seine theologische Bildung sind gut bekannt, sondern ihm ist auch eine der sehr wenigen überlieferten bischöflichen Reformschriften zu verdanken.[211] Der in Bologna promovierte Schele verfasste seine Schrift für das Basler Konzil, auf welchem er als Gesandter Kaiser Sigismunds und König Albrechts II. wirkte. Sie gliedert sich in drei Teile: 1. Vorschläge zur Reform der Kurie in 50 Artikeln, 2. Vorschläge zur Reform der Kirchen in 50 Artikeln und 3. Vorschläge zur Reform des weltlichen Standes in 14 Artikeln und charakterisiert ihren Verfasser klar als einen Anhänger des Episkopalismus.[212]

In diesem Sinne tätig wurde Schele schon ganz zu Beginn seines Episkopats, als er 1420 auf zwei Synoden in Lübeck umfangreiche Synodalstatuten für sein Bistum erließ.[213] Ab 1430 weilte Schele jedoch dann nicht mehr im Bistum, sondern auf dem Basler Konzil, wo er die eigenen Reformideen vorstellte und in Kontakt zur dort anwesenden geistlichen Reformelite trat, unter anderem auch zu den führenden Ordenspersonen der benediktinischen Reformbewegungen.[214] Schon in seiner Reformschrift hatte Schele konkrete Vorschläge zur Reform der Klöster und Orden gemacht. Er forderte Diözesansynoden im Drei-Jahresabstand, das Ende der Inkorporation von Pfarreien in die Klöster, die Rückführung der Religiosen zu einem Leben nach den *tria substantialia* und die Trennung von Männer und Frauen in den Birgittenkonventen.[215] Schele hatte sich aber nicht nur theoretische Gedanken über die Klosterreform gemacht, sondern in seinem Bistum auch schon praktisch für sie gewirkt, so im Segeberger Konvent, wo er die Mönche auf ein Leben nach ihrer Regel und ihren Ordensgesetzen verpflichtete, von dem sie aber angeblich aufgrund ihrer Armut bald wieder

---

210 Seibrich, Episkopat, 272.
211 Ebd.; vgl. zur Biographie Scheles Prange, Schele, 359-361; Ammon, Johannes Schele, 1 (zu seinem Bildungsweg), passim.
212 Vorschläge des Bischofs Johann von Lübeck, ed. Ammon, 91-110; vgl. Ammon, Johannes Schele, 17; Seibrich, Episkopat, 272 Anm. 40.
213 Die Statuten regeln in 35 Kapiteln das Verhältnis der Geistlichkeit zum Bischof, ihre Lebensführung, Ablässe und gottesdienstliche Handlungen, vgl. Prange, Schele, 359; Ammon, Johannes Schele, 2; Hauschild, Kirchengeschichte Lübecks, 122.
214 Die große Bedeutung des Konzils als „Forum für die Entwicklung von Reformvorstellungen sowie deren Artikulation und Diskussion in einer neuen diskussionsbereiten und –fähigen Öffentlichkeit" betont Gleba, Reformpraxis, 13; vgl. auch Becker, Reformbewegungen, 177.
215 Vorschläge des Bischofs Johann von Lübeck, ed. Ammon, 91-110. Die Inkorporation von Pfarreien wurde oftmals durchgeführt, um die Wirtschaftslage der Klöster aufzubessern, vgl. Seibrich, Episkopat, 270f.

abwichen.[216] Auch Cismar wurde Gegenstand bischöflichen Handelns, als dort ein in Scheles Augen ungeeignet erscheinender Abt gewählt wurde. Nachdem das Kloster seine angebliche Exemtion behauptet hatte, um einen Eingriff des Bischofs abzuwehren, erreichte Schele dessen Verurteilung auf dem Basler Konzil, konnte jedoch nicht die Absetzung des Abtes durchsetzen.[217] Cismar übertrug dem Bischof jedoch als Buße das Patronatsrecht eines Kanonikats in Eutin.[218] Ob Schele es daraufhin beim status quo bewenden ließ, da mit der Übertragung immerhin der Einfluss des Klosters in seiner Eutiner Residenz beseitigt war, muss dahingestellt bleiben.[219] Sicher ist jedoch, dass grundsätzlich Scheles Einsatz für die Klosterreform in seiner Person begründet lag, sein Reformwille Konsequenz der eigenen Studien und des kommunikativen Austauschs auf dem Basler Konzil war.

Auch der Nachfolger Scheles, sein Generalvikar Nikolaus Sachow (1439-1449), hatte vor seiner Amtszeit das Basler Konzil besucht, war dort sogar zum Sprecher der deutschen Nation aufgestiegen und wirkte so ebenfalls als Multiplikator konziliarer Reformideen.[220] Ein „Mangel an qualifizierter theologischer Bildung"[221], den SEIBRICH den Bischöfen des 15. Jahrhunderts allgemein vorwirft, ist bei ihm ebenso wenig zu diagnostizieren wie bei seinem Vorgänger: Der gebürtige Lübecker studierte Kanonisches Recht in Prag und Bologna.[222] Als er 1439 zum Bischof gewählt wurde, hielt er nach dem Vorbild Scheles bereits in seinem ersten Amtsjahr eine Diözesansynode ab.[223] Auch die Bemühungen Scheles um die monastische Reform griff Sachow auf und vollendete sie: Unter seiner Amtszeit wurden Segeberg und Cismar der Windesheimer bzw. der Bursfelder Kongregation inkorporiert. Bereits bei seiner jährlichen Visitation der Klöster im Jahre 1441 sah er Anlass, in das klösterliche Leben einzugreifen; im Tätigkeitsbericht des Bischofs heißt es:

> Porro dum in anno suo tercio visitacioni monasteriorum Zegeberghe et Cysmer intenderet, dictus dominus Nicolaus episcopus et videret, quod quisque fratrum ipsorum monasteriorum propter vestium carenciam et reddituum pro illis, cum nichil penitus ad hoc haberent, sibimet thesaurisarent, proprietaros sese licet in hoc modico constituentes, curavit eorum inopiis providere et cuilibet monasteriorum triginta marcarum Lubicensum monete redditus perpetuos in consulatu Luneborgensi pro mille marcis similibus per ipsum dudum ante suscepcionem episcopatus de propriis suis emptos ad Die et sanctorum patronorum honorem donavit.[224]

Um der seelengefährdenden Bedrohung des Eigenbesitzes entgegenzutreten,[225] knüpfte er seine Zuwendungen allerdings an Bedingungen: Die Mönche sollten in Zukunft einmal wöchentlich alle Einnahmen aus gottesdienstlichen Handlungen beim Prior

---

216 Chroniken Lübeck IV § 1678, 34, vgl. Kap. 3.1.1, 24.
217 UBBL II 1528, 615-618; vgl. Kap. 3.1, 22f.
218 Schele übertrug das Patronatsrecht seinen beiden Neffen Brando und Johannes Schele: UBBL II 1544, 637f.
219 Vgl. Grabkowsky, Cismar, 61.
220 Wriedt, Sachow, 610.
221 Seibrich, Episkopat, 274.
222 Wriedt, Sachow, 610.
223 Ebd.; Hauschild, Kirchengeschichte Lübecks, 132; Prange, Bistum Lübeck, 365.
224 UBBL III 1563, 16.
225 Ebd. III 1607, 68: nos volentes quantum cum Deo potuimus tantis periculis obviare.

abgeben und sollte bei einer Visitation etwas Gegenteiliges zu Tage treten, so seien die zugesagten Zahlungen auszusetzen.[226] Sicherheitshalber ließ der Bischof den Konventen die Gabe auch nicht in Geldform zukommen, sondern schickte Stoffe und Schuhe, über deren Verwendung die Klöster zudem einen jährlichen Nachweis zu führen hatten. Für seine Zuwendungen wünschte Sachow sich ein Gebetsgedenken in den Klöstern.[227]

Sein Handeln sah der Bischof selbst ganz klar als reformerischen Eingriff. So schrieb er, dass die Zahlungen bei Zuwiderhandlungen nicht erfolgen sollten *donec iterum ipsi fratres reformacioni se submitterent in premissis*[228] und reihte sich damit ein in den Reformdiskurs.

Bemerkenswert und aufschlussreich für den Reformwillen Sachows ist, dass der Bischof den Konventen die genannten Mittel aus seinem privaten Vermögen zukommen ließ. Diese Zuwendungen reichten jedoch nicht für eine grundlegende wirtschaftliche Sanierung der Klöster. Die Motivation des Bischofs für sein Handeln in einer Wirtschaftsreform zu sehen, die den Klöstern die Zahlung der bischöflichen Abgaben ermöglichen sollte, ist also sicherlich falsch, zumal Sachow darüber hinaus ja auch keine weiteren Maßnahmen zur Wirtschaftssanierung der Konvente veranlasste, wie beispielsweise die schon von Schele verurteilte, aber oft genutzte Inkorporation von Pfarreien.[229]

Letztlich scheiterten die reformerischen Eigenbemühungen des Lübecker Bischofs, da eine neue monastische Mentalität durch derlei bischöfliche Eingriffe nicht geschaffen werden konnte, sondern Sache der Orden bzw. der Kongregationen blieb.[230] Möglicherweise wurde diese Problemlage auch Sachow bewusst, denn im fünften Jahr seines Pontifikats griff er auf auswärtige Reformkräfte zur Reform Segebergs, *ubi hactenus dissolucio vigebat*,[231] zurück und berief eigenmächtig Mönche der Windesheimer Kongregation ins Kloster.[232] Den alten Brüdern stellte er frei, das Kloster zu verlassen, um die Reform nicht zu behindern. Auch der Inkorporation Segebergs in die Windesheimer Kongregation stimmte er zu und verzichtete damit freiwillig auf seine Rechte an dem Augustinerchorherrenstift.[233] In der Folgezeit musste er sich zugunsten der Reformdurchsetzung noch mehrmals nach Segeberg begeben: Von Graf Adolf VIII. gerufen, bestätigte er demselben nach einer jeweiligen Visitation mehrfach das regelgemäße Leben im reformierten Konvent und unterstützte so den Segeberger Prior.[234]

---

226 UBBL III 1563, 16; vgl. auch Finke, Geschichte, 153; Schubert, Kirchengeschichte, 279.
227 UBBL III 1607, 68f.
228 Ebd. III 1563, 16.
229 Vgl. Seibrich, Episkopat, 268-271.
230 Ebd., 283.
231 UBBL III 1563, 18; vgl. Bünz, Zwischen Kanonikerreform und Reformation, 47; Finke, Geschichte, 153f.
232 Zur Herkunft der Mönche vgl. Kap. 3.2.1, 31.
233 Die Inkorporation wurde 1445 vom Generalkapitel bestätigt: Acta capituli, ed. van der Woude, 41; vgl. auch Hennings, Seghenberch, 400; Bünz, Zwischen Kanonikerreform und Reformation, 49.
234 Vgl. Kap. 3.3.2.1, 49.

Auch in Cismar hatten die Sachow'schen Eigenbemühungen um Reform keinen Erfolg gehabt. Erst in seinen letzten Lebensjahren gelang es dem Lübecker Bischof schließlich doch, Cismar der Observanz zu unterwerfen.[235] Wie in Segeberg berief er Reformkräfte von außen – aus dem Kloster Bursfelde selbst – nach Holstein und tauschte so die Klosterleitung und einen Teil des Konvents aus.[236] Damit wurde das Kloster gleichzeitig der Bursfelder Kongregation inkorporiert.[237] Als Grund für sein Eingreifen führte Sachow an, dass die schlechten Gewohnheiten der Mönche unter seiner ersten Reform versteckt weiter bestanden hätten und alle Renten des Klosters verpfändet gewesen wären, so dass die wirtschaftliche Lage prekär gewesen sei.[238]

In der Forschung ist gegen Sachow mehrfach der Vorwurf erhoben worden, er habe sich mit der Reformeinführung in Cismar lediglich des aufsässigen Konvents entledigen wollen und auch nur aus diesem Grund die Situation im Kloster so negativ dargestellt.[239] Sicherlich gehörte es, wie schon zu Beginn dargestellt, zum allgemeinen Charakter von Reformaufträgen und -rechtfertigungen, das betreffende Kloster in keinem guten Licht erscheinen zu lassen.[240] Ob die Situation in Cismar also so war, wie Sachow sie schilderte, muss tatsächlich dahingestellt bleiben. Dennoch bleibt die Behauptung, Sachow sei es beim Anschluss an die Bursfelder Kongregation lediglich um „die Aufhebung der gegen ihn gerichteten Frontstellung"[241] gegangen, wenig plausibel. Dies mag ein geplanter positiver Nebeneffekt gewesen sein. Einem Bischof jedoch, der zeitgleich auf genau die gleiche Weise ein zweites, „friedliches" Kloster, nämlich Segeberg, reformierte, der für die Klosterreform eigene Geldmittel aufwand und auf bischöfliche Rechte verzichtete, der sich von reformierten Konventen ein Gebetsgedenken wünschte und der schließlich zu dieser doch relativ frühen Zeit der Kongregationen wirksame Kontakte nach Windesheim und Bursfelde besaß,[242] – dem darf man durchaus ein persönliches, grundsätzliches Reforminteresse unterstellen bzw. muss es sogar. Von seinem Bischofssitz in der nördlichen Peripherie erweiterte Nikolaus Sachow durch seine Reformen den Radius beider Kongregationen erheblich nach Norden. Dies ist ohne seine Kontakte zur geistlichen Elite auf dem Basler Konzil, oh-

---

235 UBBL III 1563, 19: Ipso eciam anno decimo in principio subiecit strenue observacioni regulari sancti Benedicti monasterium in Cysmer sue diocesis.
236 Insgesamt kamen neben dem Abt und dem Prior neun Mönche aus Bursfelde, vgl. Kap. 3.1, 23. Laut Zeugnis des neuen Abtes, ebd. III 1692, 166, hatte Sachow selbst die Bursfelder Mönche in Cismar eingeführt und den Abt bestätigt und geweiht: nos Gherardum in abbatem benediceret et constituerat ceterosque Henningum priorem, Thidericum cum ceteris a Bursfeldia missos fratres introduceret.
237 Die Anschlussurkunde Cismars datiert auf den 13.10.1449 und ist in einer Handschrift der Klosterbibliothek überliefert (+ Kopenhagen, Det Kong. Bib., Gl. Kgl. S. 199 fol. F. 44/44'): Grabkowsky, Cismar, 67 Anm. 500; Schnabel, Bibliothek, 126 Anm. 10.
238 UBBL III 1563, 19f.
239 Grabkowsky, Cismar, 62; Schnabel, Bibliothek, 126.
240 Vgl. Kap. 2, 13.
241 Schnabel, Bibliothek, 126.
242 Laut Seibrich, Episkopat, 326, sind die ersten Bischöfe, von denen eine positive Reaktion auf die Bursfelder Kongregation bekannt ist, nicht ohne Grund Teilnehmer des Basler Konzils. Er zählt zu diesen neben Sachow und seinem Nachfolger Arnold Westphal Dietrich von Mainz, Burchard von Halberstadt und den Kölner Erzbischof Dietrich von Moers.

ne seine Partizipation am dortigen Reformdiskurs, aber auch ohne einen energischen Reformwillen des Bischofs kaum erklärbar.

Als Reformer Segebergs und Cismars bewahrte man Sachow nach seinem Tod sowohl im Lübecker Bistum als auch im Cismarer Kloster ein ehrendes Andenken.[243] So betonte sein Nachfolger Arnold Westphal in einer Urkunde für Cismar ausdrücklich die Leistung Sachows, dort mühevoll die Reform eingeführt zu haben,[244] und auch die Chronik der Lübecker Bischöfe, die Westphals Nachfolger Albert Krummendiek ab 1476 anfertigen ließ, hob bei Sachow als einzigem aller geschilderten Bischöfe das Wirken für die Klosterreform hervor:

> Assignavit ex monasteriis in Segeberge & Cismar ad vestimenta fratrum cuilibet monasteriorum XXX. marcarum reditus perpetuos pro mille marcis ante Episcopatum per ipsum cum propria pecunia emptos. Introducendo in eisdem monasteriis viros reformatos & observantiam Regulae eorem debitam, cum antea dissolutissime vivebant.[245]

Ebenso erinnerte man sich in Cismar selbst an den Reformer des eigenen Konvents. Eine Urkunde der Cismarer Mönche vom 20. November 1450 nennt ihn *reverendus quondam pater et dominus Nicolaus episcopus Lubicensis, divini amoris et sancte religionis intuitu multa sollicitudine ipsam reformacionem nostri monasterii [...] introduxerat*[246] und verweist damit noch einmal auf die religiöse Motivation des Bischofs. Auch widmete man dem Lübecker Bischof einen ehrenden Eintrag im klösterlichen Nekrolog.[247]

Die Nachfolger Sachows und Scheles führten das Reformwerk ihrer Vorgänger fort; auf eine solche reformerische Leistung wie Sachow brachten sie es aber nicht mehr. Sachows direkter Amtsnachfolger Arnold Westphal (1450-1466) – wie seine Vorgänger studiert im Kanonischen Recht und von einem Aufenthalt auf dem Basler Konzil als Vertreter der Universität Erfurt geprägt[248] – gab 1451 seine Einwilligung zum Anschluss Cismars an die Bursfelder Kongregation.[249] Im Gegensatz zur Exemtion Segebergs durch Sachow verzichtete er jedoch nicht auf seine bischöflichen Rechte, was er ja bei einem Anschluss an die Bursfelder Kongregation auch nicht musste, sondern betonte die Unterwerfung unter die bischöfliche Jurisdiktion und forderte von Cismar, auch weiterhin die Provinzialkapitel des Ordens zu besuchen.[250] Zudem setzte Westphal sich für die wirtschaftliche Sanierung des Konvents ein. Er erließ den Mönchen die Rückzahlung von 300 Mark, die sein Vorgänger dem Konvent nach der Reformeinführung geliehen hatte, zahlte 65 Mark zur Abtragung von Schulden und ließ

---

243 Ob an Sachow auch in Segeberg erinnert wurde, muss aufgrund der fehlenden Überlieferung ungewiss bleiben.
244 Urkunden, ed. Volk 20, 93; Seibrich, Episkopat, 327; vgl. Kap. 3.1, 23f.
245 Chronica, ed. Meibom, 401.
246 UBBL III 1692, 166.
247 Necrologium Cismariense, ed. Kohlmann, 351, vgl. Kap. 4.3.2, 85.
248 Wriedt, Westfal, 751; Hauschild, Kirchengeschichte Lübecks, 123.
249 Urkunden, ed. Volk 20, 92-94.
250 Ebd., 93: nihilominus particulari capitulo per eos annuatim celebrando citra tamen exempcionem a capitulo provinciali dicti ordinis illiusque ac nostre iurisdictionis preiudicium plenarie submiserunt promittentes se capitulum huiusmodi singulis annis iuxta statuta ipsorum diligenter visitare.

dem Konvent eine jährliche Rente von 35 Mark zukommen. Mit diesem Akt suchte er auch die Bindung Cismars an die Kongregation zu stärken, denn er behielt sich und seinen Nachfolgern das Recht zur Wiedereinziehung des gesamten Geldes vor, sollte sich Cismar aus dem Klosterverband lösen.[251] In einer Urkunde akzeptierten die Mönche diese Bedingungen und verpflichteten sich zur Rückzahlung im genannten Fall.[252]

Eine enge Beziehung pflegte Arnold Westphal zum Klosterreformer Johannes Busch. Dieser hatte den Bischof bei seinem ersten Reformversuch in St. Johannis in Lübeck um Hilfe gebeten und darauf verwiesen, dass ja auch Schwestern und Nichten des Bischofs im Kloster leben würden. Westphal lehnte Buschs Bitte jedoch mit dem Hinweis ab, dass ihm selbst in geistlichen Angelegenheiten kein Recht über die Stadt zustände, sondern dem Kapitel und seinem Dekan. Das Kapitel wiederum unternähme aber nichts gegen den Willen des Rates.[253] Ob Westphal die Reform nur ablehnte, weil er seinen Verwandten keine härteren Lebensbedingungen zumuten wollte, wie es SEIBRICH vermutet, muss dahingestellt bleiben.[254] Das Stadtgebiet Lübecks unterstand zumindest tatsächlich dem Kapitel.[255]

Gemeinsam wirkten Busch und Westphal jedoch für die Schwestern vom gemeinsamen Leben, einer Neugründung des Lübecker Ratsherrn Johann Segeberg aus dem Jahre 1451.[256] Durch Vermittlung Buschs unterstellte Westphal den aus der Devotio Moderna hervorgegangenen und in enger Verbindung zu den Windesheimern stehenden Schwesternkonvent der Augustinusregel und übertrug dessen Kontrolle dem Segeberger Prior.[257]

Auch für Westphals Nachfolger Albert Krummendiek (1466-1489) ist ein Handeln für die monastische Reform überliefert.[258] Laut dem Zeugnis des Administrators des Erzbistums Bremen-Hamburg soll bereits Albert Krummendiek die Observanz in Bordesholm eingeführt haben, welche jedoch nicht zur richtigen Blüte gelangt sei.[259] Für diese Behauptung Schwarzburgs gibt es allerdings keine weiteren Belege und auch in der Literatur wird sie nicht aufgegriffen. Bei anderen Klöstern im Bistum ist jedoch

---

251 Urkunden, ed. Volk 20, 93.
252 UBBL III 1692, 166.
253 Busch, ed. Grube II 48, 672.
254 Seibrich, Episkopat, 285 Anm. 112.
255 Hauschild, Kirchengeschichte, 121-124. Laut Freytag, Zentren, 159, stand dem Lübecker Bischof dennoch das Recht der Visitation zu, welches eine Möglichkeit zum reformerischen Eingriff in das Kloster geboten hätte.
256 Busch, ed. Grube II 49, 672; vgl. Wurm, Gründung des Michaeliskonvents, 46. Schon Sachow hatte dem Gründer die Anregung zu einer solchen Niederlassung gegeben, vgl. ebd., 37.
257 LUB X 390, 413-416.
258 Auch Krummendiek hatte Kanonisches Recht studiert, zudem hielt er sich mehrfach in Italien auf, so auch als Notar an der Rota: Dormeier, Krummediek, 50, 52-58; Wriedt, Krummendiek, 385.
259 Johannis Rode Registrum, ed. Capelle 57, 124: Sane ex quo reformatio monasterii in Bordesholme ordinis Canonicorum regularium dictae nostrae Bremensis Diocesis, quod a recto regularis observantiae tramite diutine aberraverat, per reverendum in Christo Patrem Dominum Albertum eiusdem gratia Episcopum Lubicensem auctoritate nostra ad formam regularis observantiae tam in capite, quam in membris, de quo Nobis ingens gaudium accrevit, competenter est inductum, minime cum adhuc ad plenum radicata defluetque quantocius novella ista plantatio et arescet.

ein Einsatz Krummendieks im Sinne der Reform bezeugt. So gestattete er gemeinsam mit dem Cismarer Abt der Priörin Anna von Buchwald in Preetz liturgische Erleichterungen für ihren Konvent.[260] Zudem unterstützte Krummendiek den Lübecker Schwesternkonvent vom gemeinsamen Leben, in Plön eine Niederlassung zu gründen. Er erwirkte die Genehmigung des Landesherren und gab den neuen Schwestern eine Ordnung.[261] In Cismar verbot Krummendiek 1467 nach Prüfung die Verehrung der dortigen Heilig-Blut-Reliquie und handelte damit im kirchenreformerischen Sinne, auch wenn er das Kloster durch diesen Vorgang eventuell wirtschaftlich schwächte.[262] Von Krummendieks Nachfolger Thomas Grote (1490-1492) ist hinsichtlich eines persönlichen Einsatzes für die Klosterreform nichts überliefert, dessen Nachfolger hingegen, Dietrich Arndes (1492-1506), nahm 1497 an der Reformeinführung in Reinbek teil, jedoch in einer passiven Rolle.[263] Interessanter ist der intensive Kontakt, welchen dieser Lübecker Bischof zur Priörin Anna von Buchwald im Jahr nach dem Aufenthalt der Reformkommission in Preetz pflegte: Er erschien 1492 mehrfach in Preetz, beherbergte die Priörin und ihre Begleiter aber auch in Lübeck.[264] Zudem ist überliefert, dass Grote der Priörin einen Brief *van der reformacien* sendete und so das reformerische Wirken Anna von Buchwalds unterstützte.[265]

Betrachtet man das Bistum Lübeck als Ganzes, so lässt es sich hinsichtlich der monastischen Reform als ein lokales Reformzentrum charakterisieren. Am Rande des Ausbreitungsgebiets der Kongregationen gelegen, gewann es durch die relativ frühen Reformen in Segeberg und Cismar Vorstoßcharakter. Dies war vor allem in dem vielfachen Kontakt und Austausch der überwiegend bürgerlichen Bischöfe mit den geistlichen Eliten des Basler Konzils begründet.

3.3.1.2 Der Administrator Heinrich von Schwarzburg und das Erzbistum Bremen-Hamburg

Im Erzbistum Bremen-Hamburg kam es bereits unter Balduin von Wenden (1435-1441), zugleich Abt von Lüneburg, zu einer frühen Epoche monastischer Reformen, jedoch nicht nördlich der Elbe.[266] Auf das Untersuchungsgebiet sollten sich erzbischöfliche Initiativen erst während eines zweiten Reformschubs gegen Ende des Jahrhunderts erstrecken. Dieser Reformschub umfasste das gesamte nördliche Gebiet und wurde vor allem durch Heinrich von Schwarzburg, Administrator des Erzbistums Bremen-Hamburg und Bischof von Münster, und durch Barthold von Landsberg, Bischof von Verden und Hildesheim geprägt.[267] Neben der Vereinigung von mehreren Bistümern in einer Hand zeichneten die beiden Kleriker vor allem ihre langen Amts-

---

260 Diplomatar, ed. Jessien, 396; vgl. Kap. 3.1, 21.
261 Urkunden, ed. Freytag 1, 86/3, 88-90; vgl. auch Freytag, Plöner Konvent, 18-20; Finke, Geschichte, 178f.
262 Vgl. Sielemann/Wülfken, Cismar, 94; Finke, Geschichte, 169; Dormeier, Krummediek, 60.
263 Urkundenverzeichnis, ed. Heuer 184, 193f.
264 Rosenplänter, Preetz, 137.
265 Vom 11.11.1492: Rosenplänter, Preetz, 137.
266 Seibrich, Episkopat, 324.
267 Ebd., 303.

zeiten und ihre bischöfliche „Qualität"[268] aus. Es waren die Klöster Bordesholm und Harvestehude, die im Untersuchungsgebiet Gegenstand der weitgespannten und intensiven Reformtätigkeit Heinrich von Schwarzburgs wurden.

Im Jahre 1474 hatte Heinrich von Schwarzburg das reformierte Chorherrenstift in Segeberg mit der Visitation des Bordesholmer Nachbarklosters beauftragt, das daraufhin die Inkorporation Bordesholms in die Windesheimer Kongregation anstrebte.[269] Diese Bemühungen Segebergs wehrte Heinrich von Schwarzburg jedoch in einer Urkunde für das Bordesholmer Stift aus dem Jahre 1482 scharf ab: Zwar lobte er den gebesserten Zustand Bordesholms und stellte dem Konvent ein gutes Zeugnis aus, doch verwehrte er sich scharf gegen das Vorgehen einer *quisquam commissionem*,[270] welche angeblich mit seiner bischöflichen Zustimmung Bordesholm reformieren und einem anderen Kloster – gemeint ist Windesheim – inkorporieren wolle. Der Administrator betonte die alleinige Unterwerfung des Augustinerchorherrenstifts unter seine Gewalt, indem er von sich das selbstbewusste Bild eines obersten Klosterherrn und -reformers entwarf: *Nos vero altissimo domino favente de visitatione monasterii, emendatione morum et regularum observantia tenenda nostros, totiens quotiens opus fuerit, [...].*[271]

Wieso aber dieser Konflikt mit den monastischen Reformern, diese plötzliche Verwahrung gegen die Inkorporationspläne Segebergs, welches der Administrator doch selbst mit der Visitation Bordesholms beauftragt hatte? Schwarzburg wird schon zuvor bewusst gewesen sein, dass nach einer solchen Visitation durch ein Windesheimer Kloster konsequenterweise die Inkorporation und damit auch die Exemtion von der bischöflichen Rechtssprechung durch die Kongregation angestrebt wurde. Nach HENNINGS waren es die Bordesholmer Mönche, welche auf den Administrator einwirkten, ihm die drohende Exemtion noch einmal vor Augen führten und so die Kassation derselbigen von ihm erreichten.[272]

Wie es sich für einen obersten Klosterherren ziemte, hielt die Sorge Heinrich von Schwarzburgs um Bordesholm an: 1487 unterstellte er den Konvent der Visitation durch das Stift Neuwerk bei Halle,

> quia quotidie animo revolvimus, quod monasteria absque visitatione in regulari observantia diu persistere non valent, nisi aliis Monasteriis reformatis, quo ad visitationem uniti et conjuncti fuerint.[273]

Neuwerk war schon ein halbes Jahrhundert zuvor reformiert, doch nicht inkorporiert worden, weswegen der Administrator auf diese Weise die Zustände in Bordesholm kontrollieren lassen und gleichzeitig seine Rechte wahren konnte.[274] Nur zwei Jahre später gestattete er überraschenderweise dann doch den Anschluss Bordesholms an die Windesheimer Kongregation.[275] Was ihn schließlich zur Änderung seiner Haltung be-

---

268 Seibrich, Episkopat, 303; vgl. auch Gleba, Reformpraxis, 55-57.
269 Monumenta, ed. Westphalen II 376, 455-458, vgl. Kap. 3.1.1, 26.
270 Monumenta, ed. Westphalen II 382, 464.
271 Ebd., 465.
272 Hennings, Seghenberch, 88; vgl. auch Bünz, Zwischen Kanonikerreform und Reformation, 55. Dafür spricht auch die Aufschrift auf der Kassationsurkunde, vgl. Kap. 3.1.1, 27.
273 Monumenta, ed. Westphalen II 385, 467.
274 Finke, Geschichte, 160.
275 Johannis Rode Registrum, ed. Capelle 57, 124f.

wegte, ist fraglich.[276] In der betreffenden Urkunde erwähnte der Administrator erstmals den Lübecker Bischof Albert Krummendiek als Einführer der Observanz in Bordesholm, ohne jedoch dessen Wirken in einen chronologischen Zusammenhang zu stellen.[277] War es also gar Krummendiek, der Schwarzburg darauf hingewiesen hatte, dass seine reformerischen Bemühungen nicht zur Blüte kämen, wenn nicht der Administrator seine pastorale Sorge um Bordesholm verstärken und so unter eigenem Verzicht den Anschluss an die Windesheimer Kongregation bewilligen würde?[278]

Gänzlich eigener Initiative Schwarzburgs entsprang der Reformauftrag für das Hamburger Zisterzienserinnenkloster Harvestehude. Am 28. Oktober 1482 teilte der Administrator dem Hamburger Rat seine Reformpläne mit und bat um dessen tatkräftige Unterstützung.[279] In der Folgezeit warb er vom Bischof von Magdeburg reformierte Nonnen, die die Leitung in Harvestehude übernehmen sollten und stellte eine große, geschickt ausgewählte Visitationskommission zusammen.[280] Zwei Monate nach seinem ersten Brief wandte Schwarzburg sich erneut an den Hamburger Rat. Er schilderte nun den geplanten Ablauf der Visitation und erhob detaillierte Forderungen: So sollte erstens eine Gesandtschaft des Rates die vom Administrator entsandte Reformationskommission in Empfang nehmen und bei der Visitation im Kloster anwesend sein, zweitens sollte der Rat jede Gegenwehr gegen die Reform ersticken und drittens die Nonnen im Konvent, sollten sie widerspenstig sein, zur Annahme der Reform bewegen. Gelänge dies nicht, so hätte der Rat viertens die Pflicht, die aufrührerischen Nonnen aus dem Kloster zu entfernen. Als letztem Punkt vertraute Heinrich von Schwarzburg dem Rat noch die Sorge um die reformierten Nonnen an, die mit den Reformern in Harvestehude eintreffen sollten.[281] Der Administrator stützte sein Vorhaben also auf den Hamburger Rat als weltlichen Erfüllungsgehilfen und rechnete – wohl auch aufgrund seiner Reformerfahrungen – durchaus mit Widerstand im Konvent.[282] Doch kam der Rat in der Folge seinen Aufgaben nicht nach. Als der Bürgermeister Hermann Langenbeck und die anderen Mitglieder der Ratsgesandtschaft des enormen Widerstands der Verwandten und Freunde der Nonnen gegen die Reformeinführung gewahr wurden, ließen sie diese im Sand verlaufen.[283]

---

276 Finke, Geschichte, 160, hält es für möglich, dass Neuwerk nach einer Visitation Bordesholms den Anschluss empfahl.
277 Johannis Rode Registrum, ed. Capelle 57, 124.
278 Vgl. ebd.
279 StaHH 710-1 I Threse I P 14 2,3, 28.10.1482, zit. nach Urbanski, Harvestehude, 38; vgl. Raape, Aufstand, 14.
280 So befanden sich in der Kommission mehrere Personen mit Kontakten zum Hamburger Rat und zur Hamburger Oberschicht, nämlich Gerd Halepagen, Vikar in Buxtehude und älterer Vetter des Bürgermeisters Langenbeck, Johann Hane, Lector primarius am Hamburger Dom und Johann Murmester, Propst in Buxtehude und Bruder des ehemaligen Hamburger Bürgermeisters Hinrich Murmester, vgl. Raape, Aufstand, 16f; Urbanski, Harvestehude, 38f.
281 Brief Heinrich von Schwarzburgs an den Hamburger Rat (9.12.1482), ed. Lappenberg, Herwardeshude, 537-539.
282 So scheiterte auch ein Reformversuch im Zisterzienserinnenkloster Rengering, vgl. Schröer, Schwarzburg, 654.
283 Vgl. Kap. 3.3.4.2, 62f.

In der Forschung ist Heinrich von Schwarzburg der berechtigte Vorwurf gemacht worden, mit dem Reformversuch Harvestehudes in erster Linie wirtschaftliche Motive verfolgt zu haben.[284] 1412 hatte nämlich ein Amtsvorgänger das Dorf Wellingsbüttel an zwei Hamburger Bürger verpfändet, welche es wiederum an das Kloster Harvestehude weitergegeben hatten.[285] Als Heinrich von Schwarzburg rechtmäßig das Dorf auslösen wollte, verweigerte der Propst von Harvestehude die Herausgabe.[286] Zeitgleich zu seinen Reformbemühungen schrieb der Administrator schließlich auch in dieser Sache an den Rat und forderte dessen Unterstützung.[287] Durch die Reform hätte Heinrich von Schwarzburg die Möglichkeit gehabt, im Sinne einer Neuordnung auch das Amt des Propstes neu zu besetzen, um so seinen Anspruch auf das Dorf durchzusetzen.[288] Folglich beschwerte sich der Administrator beim Rat ob der gescheiterten Reform und berief eine Delegation desselben zu sich nach Buxtehude.[289] Schwarzburgs schnelles Einlenken bei den dortigen Verhandlungen korrespondierte mit dem baldigen Rückerhalt Wellingsbüttels und stützt die These einer vornehmlich wirtschaftlichen Motivation, wenn Heinrich von Schwarzburg auch grundsätzlich als frommer Mann und ernsthafter Reformer galt.[290] Sein Wirken war, wie auch bei den beiden untersuchten Klöstern deutlich wird, geprägt von reformerfahrener Routine und Organisation. Anders als Nikolaus Sachow probierte er es nicht mehr mit eigenen Initiativen, sondern konnte auf bewährte Handlungsmuster zurückgreifen. Schwarzburgs Reformmotive erschöpften sich nicht in einer grundsätzlichen Reformorientierung, sondern verfolgten wie dargestellt auch konkrete Absichten.

Nach dem Tode Heinrich von Schwarzburgs im Jahre 1497 verpflichteten Kreise des Domkapitels den neuen Erzbischof Johannes Rode in einer Wahlkapitulation zur Reform aller exemten und nichtexemten Klöster des Erzbistums.[291] Aus diesem Zusammenhang erklären sich wohl auch Initiativen Rodes zur Besserung der Zustände im holsteinischen Kloster Uetersen, die sich jedoch nicht mit einer der Kongregationen in Verbindung bringen lassen.[292]

Eigene Aktivitäten eines Domkapitels für die monastische Reform in Holstein, Hamburg und Lübeck sind einzig 1497 bei der Reformeinführung im Zisterzienserinnenkloster Reinbek belegt, an der auch Vertreter des Hamburger Domkapitels teil-

---

284 Urbanski, Harvestehude, 91, welche jedoch mit ihrem Vorwurf, Heinrich von Schwarzburg und die Reformverantwortlichen hätten „keine mahnende, verbessernde Visitation im zisterziensischen Sinne" gewollt, sondern „sich sofort nach einer neuen Äbtissin um[gesehen]" die gängigen und allgemein üblichen Reformmuster verkennt.
285 Wellingsbütteler Urkunden, ed. Boeck 6, 20-23/7, 24.
286 Ebd. 8, 24-26.
287 Ebd.
288 Urbanski, Harvestehude, 37; dies., Kinder, 416; Raape, Aufstand, 15.
289 Langenbeck, ed. Lappenberg, 343f. Nach Raape, Aufstand, 19, gehörte laut den Kämmereirechnungen, ed. Koppmann IV, 11, 35, auch Langenbeck zu den Mitgliedern der Gesandtschaft, auch wenn er seine Teilnahme im eigenen Bericht verschweigt.
290 Schröer, Schwarzburg, 653f.; vgl. dagegen die einseitige Darstellung bei Urbanski, Harvestehude, 134f.
291 Seibrich, Episkopat, 304.
292 Jachomowski, Uetersen, 666.

nahmen.²⁹³ Insgesamt flaute die Reformwelle im Norden nach dem Tode Heinrich von Schwarzburgs ab und so war Reinbek auch das letzte Kloster, welches im Untersuchungsgebiet Gegenstand von Reformbestrebungen wurde.

3.3.2 Die Landesherren

Kein Aspekt der Klosterreformen ist in der Forschung bisher detaillierter untersucht worden als der Anteil der landesherrlichen Gewalt an ihnen, primär gedeutet als vorreformatorisches Phänomen des Ausbaus landesherrlichen Kirchenregiments. „Einen Höhepunkt des landesherrlichen Durchgriffs auf die Klöster [...] stellten die Klosterreformen dar",²⁹⁴ so STIEVERMANN in seiner richtungweisenden Studie. Hinter dem vordergründigen Bemühen um eine Hebung der Klosterdisziplin boten sie den Landesherren weitergehende Möglichkeiten zur Intensivierung ihres Einflusses in den Klöstern als je zuvor und konnten so im Sinne der Herrschaftsstabilisierung und -ausdehnung genutzt werden.²⁹⁵ Dabei wurden die Landesherren einerseits von klerikal-monastischer Seite als weltliche Unterstützer zur Reformarbeit hinzugezogen, andererseits initiierten sie Reformen auch aus eigenem Antrieb.²⁹⁶

Wie für andere Regionen ist auch für das Untersuchungsgebiet in der Forschung der überragende Anteil der dortigen Landesherren an den Klosterreformen postuliert worden, zusammenfassend: „Initiatoren waren bei diesen Reformen die Landesherren."²⁹⁷ Der Anteil der Bischöfe und insbesondere ihres Lübecker Vertreters Nikolaus Sachow wurde hingegen als nachrangig und ineffektiv betrachtet: „Nikolaus Sachau mühte sich um die Klosterreform. Bischöfe wie Domherren waren im Allgemeinen gute Verwalter des Kirchengutes, aber keine richtungsweisenden Hirten ihrer Diözesen."²⁹⁸ Oder zugespitzter: „Nicolaus Sachow that sein Bestes, mehr vermochte und that der Landesherr selbst."²⁹⁹

Werden im Folgenden diese Behauptungen einer neuerlichen Analyse unterzogen, so ist zu berücksichtigen, dass die Klosterreformen nur ein – wenn auch das bedeutendste – Element zur Etablierung eines landesherrlichen Kirchenregiments darstellten. Schon vor den Klosterreformen boten sich für die Landesherren über Schirmvogtei und Patronat Zugriffsmöglichkeiten auf die Klöster und im Speziellen auf ihre wirtschaftlichen Ressourcen, so durch Heeresfolgepflicht und Ablager.³⁰⁰ Parallel und verwoben erfolgte zudem die allmähliche Integration der Konvente in die Landstände

---

293 Urkundenverzeichnis, ed. Heuer 184, 193. In Lübeck tritt das Domkapitel lediglich als eventueller Verhinderer der Reformbemühungen Johannes Buschs in Erscheinung: Busch, ed. Grube II 48, 672; vgl. Kap. 3.3.1.1, 43.
294 Stievermann, Landesherrschaft und Klosterwesen, 261.
295 Vgl. u.a. ebd.; Elm, Überblick, 14; Mertens, Reformbewegungen, 176; Auge, Geistliche Gemeinschaften, 313.
296 Stievermann, Klosterreformen, 67.
297 Hoffmann, Spätmittelalter und Reformationszeit, 385.
298 Ebd.
299 Schubert, Entstehung, 122.
300 Vgl. für das Untersuchungsgebiet u.a. Schubert, Kirchengeschichte, 224f.; Freytag, Zentren, 170; demnächst Auge, Begegnungsstätten von Kirche und Welt.

und ihre Heranziehung zu Steuern und Abgaben.[301] Die Untersuchung gilt jedoch allein den Klosterreformen und folgt wie bei den Bischöfen chronologisch den einzelnen Herrschern.

3.3.2.1 Adolf VIII. von Schauenburg

Videlicet quod ego ibi essem prior seu prepositus, et dux esse deberet abbas meus[302] – aus diesem Grund lehnte 1457 der berühmte Klosterreformer Johannes Busch die Wahl zum Vorsteher des Augustinerchorherrenstifts Segeberg ab und kapitulierte so vor dem Einfluss des Grafen Adolf VIII. von Schauenburg (1427-1459) im Konvent.

Der gräfliche Einfluss hatte in Segeberg eine lange Tradition. Da Graf Adolf VIII. sich oft in seiner Residenz Segeberg aufhielt, besuchte er in der Klosterkirche, die zugleich auch Pfarrkirche war, die Messe und pflegte ein vertrautes Verhältnis zu den Mönchen.[303] Die enge Bindung des Grafen an den Konvent wurde auch durch die Inkorporation in die Windesheimer Kongregation nicht minimiert. Im Gegenteil: Die alten, opponierenden Mönche suchten bei Graf Adolf Unterstützung gegen die neue, von außen berufene Leitung und fanden sie auch. So ließ er die Verleumdungen über die neuen Mönche durch Visitationen des Lübecker Bischofs überprüfen. Als diese Visitationen ein Ausmaß von zwei bis drei Besuchen pro Jahr annahmen, resignierte schließlich der von der Kongregation entsandte erste Prior Hermann von Ludingakerk. Auch seinem Nachfolger im Priorenamt, Johann Lüdinghusen, erging es nicht besser. Nachdem er Pläne zur Verlegung des Konvents gefasst hatte – um einerseits der Pfarrverpflichtung in der Klosterkirche zu entgehen, andererseits aber natürlich auch, um sich den gräflichen Einmischungen zu entziehen – verlangte der Konvent seine Abberufung.[304] Adolfs VIII. herrschaftlicher Einfluss war zuvor von ihm in der Klosterkirche auch bildlich gemacht worden: Eine 1447 gestiftete Bronzetaufe verwies auf den schauenburgischen Herrscher.[305]

Dies war die Situation, in der Busch zum Prior der problematischen Niederlassung gewählt wurde. Nur unter einer Bedingung wollte Busch die Wahl daher annehmen:

> Qui considerans dominum ducem Adolphum monasterium illud regere velle ad instinctum fratrum antiquorum, sicut sub patribus istis duobus fecerat, consentire noluit, nisi dux monasterium sibi ex toto regendum committeret.[306]

Um dies konkret durchzusetzen, beabsichtigte Busch einen Subprior aus Windesheim mitzubringen, bei dem sich die Mönche über vermeintliche Missstände beklagen können sollten. Erst wenn dann das Nötige nicht verbessert würde, sollten sie sich an Personen außerhalb des Klosters wenden dürfen, so auch an den Grafen. Wenig überraschend lehnte der Konvent die Wahl Buschs daraufhin ab. Er begründete seine Ent-

---

301 Auge, Geistliche Gemeinschaften, 312; Schubert, Entstehung, 122-124.
302 Busch, ed. Grube II 36, 499.
303 Ebd., 496: Dux Holzaciae in alto castro super oppidum habitans cum omni familia sua sexus utriusque et omnes cives oppidi illius solent ibi audire divina et ecclesie accipere sacramenta et intra divina et dominicis et festis diebus audire sermonem.
304 Ebd., 497f., vgl. Kap. 3.1.1, 25.
305 Kunst-Topographie, 747; Dehio, 159.
306 Busch, ed. Grube II 36, 498.

scheidung damit, den Grafen und die Stadt Lübeck nicht verärgern zu wollen, die mit Busch gerichtliche Streitsachen offen hätten.[307] Tatsächlich wollte man sich wohl nicht auf die Minderung des gräflichen Einflusses einlassen.

Wenn auch die Querelen im Konvent nicht mit dem Tod des Grafen zwei Jahre später endeten, also nicht allein in seinem Einfluss begründet lagen, so hat Adolf VIII. doch die Arbeit der Reformer gestört und behindert. Es gibt keine Belege für SCHUBERTs Behauptung, Graf Adolf VIII. habe grundsätzlich die Reform Segebergs gewollt, sie jedoch, als man ihre Durchführung nicht ihm überließ, nur bis zu einem gewissen Grad geschehen lassen.[308] Zwar behinderte der Graf den Lübecker Bischof Nikolaus Sachow in seinem Reformwirken nicht direkt, doch dass sich die Reform in Segeberg während seiner Herrschaft schon in gewissem Maße installieren konnte, geschah in der Hauptsache nicht, weil er es zuließ, sondern im Gegenteil weil es die Reformkräfte gegen seine Opposition durchsetzten. Ihm musste die Reformeinführung in Segeberg vielmehr wie der Versuch einer Zurückdrängung seines herrschaftlichen Einflusses erscheinen. Wahrscheinlich war der Herrscher zu diesem frühen Zeitpunkt der Reformen in seinem Land noch nicht in größere Kommunikationskreise bezüglich der Klosterreform eingebunden, wusste daher wohl nicht um die Möglichkeiten, die sich aus einer konsequenten Anbindung der Reformierten für die Landesherrschaft ergaben. So stützte er in Segeberg seinen Einfluss auf einen allmählich aussterbenden Teil der Brüder.[309]

3.3.2.2 Die Oldenburger

Während auch der Nachfolger Adolfs VIII., der erste Oldenburger Christian I. (1460-1481), kaum Initiativen bezüglich einer monastischen Reform erkennen ließ,[310] änderte sich unter seinen Söhnen die landesherrschaftliche Haltung zu den Klosterreformen. Johann I. (1481-1513) und Friedrich I. (1490-1533) setzten sich in eindeutig größerem Maße für eine Reform der Klöster im Land ein. Neben den Reformen in den Franziskanerkonventen von Flensburg, Schleswig, Tondern und Kiel[311] waren sie auch an Reformen beteiligt, die im Zusammenhang mit den Kongregationen von Windesheim und Bursfelde standen.

---

307 Busch, ed. Grube II 36, 498f. Johannes Busch war Graf Adolf VIII. und dem Lübecker Rat schon 1444 begegnet, als er sich bei ihnen für den Gefangenen Cord van der Lucht einsetzen wollte. Eventuell ist mit den Streitigkeiten dieser Einsatz gemeint, obwohl Busch in seinem Bericht schildert, er sei während der diesbezüglichen Reise sowohl vom Rat als auch vom Grafen herzlich empfangen worden: ebd. III 31, 780-782.
308 Schubert, Kirchengeschichte, 231f.; ders., Entstehung, 122.
309 Vgl. Kap. 3.1.1, 25.
310 Als klosterreformerische Aktivitäten Christians I. sind lediglich die Erlaubnis einer Niederlassung in Plön an die Lübecker Schwestern vom gemeinsamen Leben (Urkunden, ed. Freytag 1, 86) sowie die Privilegierungen der neuen Schwesternkonvente von Plön und Neustadt (ebd. 2, 87; Registrum, ed. Hille 35, 55f.) zu nennen. Zudem unterstützte er den Chorausbau Segebergs (ebd. 23, 38-40). Die Behauptung Schuberts, Kirchengeschichte, 232, Christian I. sei mit Hz. Friedrich der „eigentliche[...] Klosterreformer" gewesen, ist daher nicht zutreffend.
311 Ebd.; Hoffmann, Spätmittelalter und Reformationszeit, 385.

Im Jahre 1491 gab ihnen die Priörin Anna von Buchwald, die sich aus Sorge um die wirtschaftliche Lage ihres Konvents bezeichnenderweise an die beiden Herrscher in Segeberg wandte, mit ihrer Bitte um Hilfe eine Möglichkeit, in das Kloster einzugreifen. Auch wenn König Johann I. und Herzog Friedrich I. diese nicht persönlich wahrnahmen, so beauftragten sie doch eine Kommission mit der Konsolidierung des Preetzer Konvents. Diese Kommission stellten sie unter den Vorsitz des Cismarer Abtes, zum einen weil Cismar traditionell eine Aufsichtsfunktion über Preetz ausübte, zum anderen aber wohl auch aufgrund der Anbindung an die Bursfelder Kongregation. Zudem beriefen sie den ordensfremden Vorsteher des gerade reformierten Bordesholmer Augustinerchorherrenstifts, Andreas Laer aus Deventer, in die Kommission. Die Beschlüsse der ersten Kommission wurden von Johann I. bestätigt und zudem eine zweite Abordnung einberufen, um die Reform voranzutreiben. Doch verfolgte der Landesherr diesen Plan nicht energisch genug, denn ein Treffen dieser Kommission, zu der diesmal auch der Segeberger Prior gehören sollte, kam nie zustande.[312]

Während die Reform des Preetzer Benediktinerinnenklosters eine landesinterne Angelegenheit blieb, zeigen Generalkapitelsrezesse der Bursfelder Kongregation, dass König Johann das Generalkapitel mit der Reform seiner Klöster in Dänemark betraute. So schickte er 1488 unter Vermittlung des Cismarer Abtes den Prior des Benediktinerklosters Vore (Oratorium Dacie) mit einem Brief zum Generalkapitel, in welchem er um die Aufnahme des Klosters in die Kongregation nachsuchte.[313] Da der Brief nicht den Bestimmungen der Kongregation entsprach, gab der König dem Cismarer Abt im folgenden Jahr noch ein zweites Schriftstück mit.[314] 1491 ersuchte er dann erneut per Brief um die Aufnahme eines dänischen Klosters in die Kongregation, nämlich um die des Kathedralklosters in Odense.[315] Während die Inkorporation des Letzteren scheiterte, war der Konvent von Vore bis zur Reformation aktives Mitglied der Kongregation.[316] König Johann wusste also die Kommunikationsstrukturen der Kongregation für seine Reformwünsche zu nutzen und agierte in Dänemark als eigeninitiativer landesherrlicher Klosterreformer.

An der Reform des Augustinerchorherrenstifts Bordesholm, welche während der Regierungszeit der Brüder stattfand, hatten die beiden Landesherren keinen Anteil. Eine Urkunde für Bordesholm, in welcher Herzog Friedrich die Geltung aller von ihm, seinem Bruder und seinen Vorfahren ausgestellten Privilegien für den Konvent auch bei Änderung der Bezeichnung des Vorstehers von „Propst" zu „Prior" bestätigte, belegt aber, dass die Landesherren die Reform befürworteten.[317] In die gleiche Richtung deutet die Bestattung Anna von Brandenburgs, der Gemahlin Herzog Friedrichs, in Bordesholm. Der noch heute dort befindliche Sarg zeigt, dass der Herzog diesen Bestattungsort, welcher von den vorherigen Grablegen der Landesherren abwich, auch

---

312 Rosenplänter, Preetz, 134-137, vgl. auch Kap. 4.2.1, 77.
313 Generalkapitels-Rezesse, ed. Volk I, 233; vgl. Lorenzen, Benediktinerklostres, 124f.
314 Generalkapitels-Rezesse, ed. Volk I, 237.
315 Ebd., 257; vgl. Lorenzen, Benediktinerklostres, 183-192.
316 Vgl. zu Vore in der Bursfelder Kongregation Kap. 4.1.2, 73 u. Kap. 4.2.2, 78.
317 Monumenta, ed. Westphalen II 482, 482: Es soll den heren prior des genanten closters tom Bardesholme, gelick sin name vor des pravestes Namen in allen sodanen breven bestymmet were; vgl. Kähler, Bordesholmer Altar, 22.

für sich selbst vorgesehen hatte.[318] Die Wahl Bordesholms traf er vielleicht aufgrund der durch die Reform bedingten Blüte des Konvents, aufgrund der von einem reformierten Konvent höher eingeschätzten Gebetsleistungen.

Aus Bordesholm stammt auch der Entwurf einer angeblichen, undatierten Gründungsurkunde des Herzogs, welche den Plöner Schwestern vom gemeinsamen Leben eine Niederlassung in Neumünster gestattete.[319] SCHUBERT führt diese Urkunde als ein Beispiel für die Reformaktivität des Oldenburgers an: Hier „spiel[te] der Herzog geradezu den Bischof".[320] Dieses Argument ist jedoch nicht haltbar, da es sich – wie FREYTAG zeigte – bei dem Stück lediglich um einen in Bordesholm geschaffenen Entwurf handelte, der im Gegensatz zum ebenfalls überlieferten und datierten Original[321] neben dem Herzog insbesondere dem Bordesholmer Konvent große Vollmachten über das zu gründende Schwesternhaus zubilligte.[322]

Die einzige Reform der untersuchten Klöster, die auf eine Eigeninitiative der Landesherren zurückging, war die Reform des Reinbeker Nonnenklosters durch Herzog Friedrich. Mit ihr verfolgte ein konkretes territoriales Ziel gegenüber dem Lauenburger Herzog.

Das Kloster Reinbek lag zwar noch auf holsteinischem Boden, jedoch an der Grenze zum Gebiet des Lauenburger Herzogs. Zum Klostergut gehörten daher nicht nur Besitzungen in Holstein, sondern auch acht lauenburgische Dörfer.[323] Diese besondere Lage spiegelte sich auch in den Rechten der beiden Herrscher über das Kloster. So stand nach eigener Aussage in einem Pfandregister dem holsteinischen Herzog das Recht der Propstbestellung zu, doch setzte auch der Herzog von Sachsen-Lauenburg einige Male den Propst in Reinbek ein, unter anderem den Letzten vor dem Reformversuch.[324] Von seiner besonderen Lage profitierte der Konvent zwar zunächst durch die von zwei Seiten zufließenden Förderungen, jedoch lag hier schon im Kern eine Rivalität der Landesherren begründet, welche beim allgemeinen Erstarken der landesherrlichen Gewalt im 15. Jahrhundert mehr und mehr zu Tage treten musste.

Um seinen Einfluss auf Reinbek zu befestigen und den des Lauenburger Herzogs Johann IV. (1463-1507) zurückzudrängen, forcierte Herzog Friedrich so auch die Reform des Reinbeker Konvents.[325] Neben diesem allgemein-territorialen Interesse mag

---

318 Krüger, Corpus, 336f., 1113-1115; Kähler, Bordesholmer Altar, 54-57.
319 Urkunden, ed. Freytag 16, 104-107; Monumenta, ed. Westphalen II 451, 555f.; vgl. hierzu auch Finke, Geschichte, 184.
320 Aufgrund der aufgeführten weitreichenden Kompetenzen des Herzogs, so unter anderem die Festsetzung der Höchstzahl der aufzunehmenden Jungfrauen: Schubert, Kirchengeschichte, 232f.
321 Urkunden, ed. Freytag 15, 103f.: Diese Urkunde hatte eine ähnliche Form wie die Erlaubnis für Lübeck, vgl. Kap. 3.3.2.2, 50.
322 Freytag, Plöner Konvent, 23, 79.
323 Vgl. die Liste der Besitzerwerbungen Reinbeks bei Heuer, Reinbek, 43.
324 Registrum, ed. Hille 183, 266: men dat kloster tome Reynenbeke licht dar sulvest in unser vogedien unde wii hebben den prawest dar tor tid op unde aff to settende, wol dat nu unse omhe hartog Johan van Sassen sinen scriver dar dorch vulborth villichte unses zeligen heren vaders nu vor ennen prawest heft inne beden. Laut Heuer, Reinbek, 61, sind nur zwei Reinbeker Pröpste eindeutig als lauenburgische Schützlinge zu identifizieren.
325 Vgl. Heuer, Reinbek, 77; Grabkowsky, Reinbek, 577.

ihn zudem die konkrete Sorge umgetrieben haben, der Lauenburger könne einen Verfall im Konvent indirekt fördern, um so einen Vorwand zur Einziehung der acht lauenburgischen Dörfer zu haben.[326] Zur Durchführung seines Reformvorhabens erlangte der holsteinische Herzog im Sommer 1496 über die Vermittlung des in Rom weilenden Bischofs von Schleswig, Eggert Dürkorp, einen päpstlichen Reformbefehl für Reinbek.[327] Über den Kontakt zum überregionalen Papsttum verschaffte er sich so, wie andere Fürsten auch, einen Handlungsspielraum gegenüber den regionalen Gewalten.[328] In diesem Sinne erhielten die beiden Bursfelder Reformer, die Äbte von St. Michael und St. Godehard zu Hildesheim, durch Papst Alexander IV., welcher sie mit der Reform Reinbeks betraute, auch das Recht, nötigenfalls die Hilfe des weltlichen Arms in Anspruch zu nehmen.[329] Dieses Recht nutzend, verlangten die Äbte in einem Brief an den Holsteiner Herzog seine persönliche Anwesenheit bei der Reform, die Einsetzung eines Propstes, der über Geldmittel verfügen sollte, die ein gemeinsames Speisen und so auch ein gemeinsames Leben der Nonnen ermöglichten, und die Bestellung eines Beichtigers. Zudem sollte der Herzog sich an den Bischof von Verden wenden und ihn um reformierte Nonnen für Reinbek bitten.[330] Vom Herzog wurde also ein tatkräftiger Einsatz für die Reform gefordert, wenn ihm schließlich auch die Äbte die Aufgabe abnahmen, die Nonnen zu beschaffen.[331] Im April 1497 kam schließlich eine große Reformkommission in Reinbek zusammen, zu der neben den beiden Reformäbten auch lokale Kleriker gehörten, so Bischof Dietrich von Lübeck und Abgesandte des Hamburger Domkapitels.[332] Aber auch Herzog Friedrich nahm, wie es die Äbte gefordert hatten, persönlich an der Reform in Reinbek teil. Dies war das einzige Mal, dass bei den untersuchten Klöstern der Landesherr dem *actus reformationis* beiwohnte.[333] Wohl noch während des Aufenthalts der Kommission im Kloster traf ein Brief des Lauenburgers ein, in dem er sein Missfallen äußerte, als Mitlandesherr nicht über die bevorstehende Reform informiert worden zu sein. Wohl anders als vom holsteinischen Herzog intendiert, lieferte die Reformeinführung dem Lauenburger nun auch einen Vorwand zur Einziehung der lauenburgischen Klostergüter: Da er nicht über die Reform informiert worden sei, würden die lauenburgischen Klosterdörfer auch nicht der Reform folgen. Er habe also nichts gegen die Reform einzuwenden, wenn die Reformkommission der Ansicht sei, Reinbek könne diese Dörfer entbehren, so drohte

---

326 So Heuer, Reinbek, 97f., der auf die starken Tendenzen des Lauenburgers, Kirchengut zu verweltlichen, verweist.
327 Zwei Schreiben dieses Vorgangs, ein Brief des Papstes und ein Brief des Schleswiger Bischofs an den Herzog haben sich nicht erhalten, sondern sind nur als Regesten überliefert: Urkundenverzeichnis, ed. Heuer 180, 192/181, 192f.
328 Vgl. Auge, Handlungsspielräume, 112.
329 APD V 3533, 153: invocato etiam ad hoc, si opus fuerit, auxilio bracchii secularis; vgl. auch Kap. 3.2.2, 35.
330 Urkundenverzeichnis, ed. Heuer 182, 193.
331 Ebd. 183, 193. Der Herzog setzte als Propst den adligen Domherren Detlev von Buchwald ein und stattete ihn auch mit dem geforderten Geld aus: Grabkowsky, Reinbek, 576.
332 Der Visitationsbericht der Reformer hat sich nicht erhalten: Urkundenverzeichnis, ed. Heuer 185, 194.
333 Grabkowsky, Reinbek, 576; Finke, Geschichte, 171f.; vgl. dagegen die häufige Gegenwart der Mecklenburger Herzöge bei den Visitationen: Auge, Geistliche Gemeinschaften, 314.

Johann IV. in seinem Brief.³³⁴ Es ist aufgrund der Quellenlage nicht anzunehmen, dass die Reform trotzdem in der Folgezeit durchgesetzt wurde. Die reformierten Nonnen scheinen nie eingetroffen zu sein und Reinbek blieb im Besitz seiner lauenburgischen Dörfer. Dennoch hatte der holsteinische Landesherr gleichwohl mit dem Reformversuch seinen Anspruch auf den Konvent und seine Einflussnahme demonstrieren können. Zur Sicherung und Unterstreichung dieses Anspruchs gewann in der Folgezeit das Amt des Propstes für den Herzog an Bedeutung. Er besetzte es bis zur Auflösung des Klosters im Jahre 1529 nur noch mit holsteinischen Adligen.³³⁵

„So regten sich um die Jahrhundertwende doch einige reformerische Kräfte im Land. Aber ist es auch zeittypisch, dass die Hauptantreiber der Klosterreform weltliche Kräfte wie die Landesherren oder städtische Ratmänner waren, "³³⁶ schließt HOFFMANN seinen Bericht über die spätmittelalterliche Klosterreform in Schleswig und Holstein. Dieses Urteil ist wie die bereits oben aufgeführten Zitate HOFFMANNs und SCHUBERTs nur in Teilen zutreffend: Zwar setzten sich die Landesherren für die mendikantische Reform im Land ein und förderten die Schwestern vom gemeinsamen Leben, doch hinsichtlich der beiden großen Reformbewegungen von Windesheim und Bursfelde ist ein Engagement als „Hauptantreiber" der Reform nur für Reinbek auszumachen. Zwar nahmen die Landesherren bei der Preetzer Reform eine Mittlerrolle ein und unterstützten dort wie anderswo die Einführung der Observanz, doch hatten sie gerade an den Reformen der drei bedeutenden Männerklöster Cismar, Segeberg und Bordesholm keinen direkten Anteil, im Gegenteil: Adolf VIII. wirkte sogar gegen die Windesheimer in Segeberg.³³⁷ Insgesamt scheinen die Landesherren in Holstein bei den untersuchten Klöstern das politische Mittel der Klosterreform weniger grundlegend als eher aus konkretem Anlass genutzt zu haben, so beim Reformversuch Reinbeks aufgrund der Rivalität zum Lauenburger Herzog. Anders könnte es sich bei den Reformbemühungen König Johanns I. in Dänemark verhalten haben, diese bedürften jedoch eingehenderer Untersuchungen. Die oft beobachtete landesherrliche Motivation, Klosterreformen aus Gründen der wirtschaftlichen Sanierung zu unterstützen oder zumindest nicht zu behindern, um zahlungskräftige Klöster besteuern zu können, ist im behandelten Raum höchstens bei Preetz fassbar, kann aber auch für andere Konvente angenommen werden. Insbesondere hinsichtlich der Förderung der politisch und wirtschaftlich unbedeutenden Schwesternkonvente ist auch persönliche Frömmigkeit als Motiv des landesherrlichen Handelns denkbar.³³⁸ Zur Etablierung eines landeskirchlichen Kirchenregiments bedienten sich die holsteinischen Landesherren auf jeden Fall nicht systematisch des Mittels der Klosterreform, sondern nutzten andere Möglichkeiten.³³⁹

---

334 Urkundenverzeichnis, ed. Heuer 184, 193f.; vgl. ders., Reinbek, 99; Finke, Geschichte, 171f.
335 Nach Detlev von Buchwald (1497, 1503) mit Benedikt von Sehestedt und Detlev von Reventlow (1517/20-1529), vgl. die Propstliste bei Grabkowsky, Reinbek, 583.
336 Hoffmann, Spätmittelalter und Reformationszeit, 386.
337 Ein weiteres bedeutendes Männerkloster Holsteins, das Zisterzienserkloster in Reinfeld, blieb unreformiert, was wohl vor allem in seiner Exemtion begründet lag.
338 Hier ist kein greifbarer Vorteil für den Landesherren fassbar, vgl. Stievermann, Klosterreformen, 68, 93.
339 Vgl. Kap. 3.3.2, 48f.

Vergleicht man die reformerische Leistung der Landesherren hinsichtlich der Windesheimer und Bursfelder Reform mit derjenigen der Bischöfe, so sind Letztere eher als die tragenden außerklösterlichen Reformkräfte im Land zu sehen.[340] Dies ist umso bemerkenswerter, als dass die meisten anderen Regionalstudien zu einem Urteil zugunsten der Landesherren kommen.[341] Die Abwertung insbesondere des Reformanteils des Lübecker Bischofs Nikolaus Sachow durch HOFFMANN und SCHUBERT ist daher zurückzuweisen. Sachow erscheint hinsichtlich der Klosterreformen sehr wohl als „richtungsweisende[r] Hirte[...]".[342]

Der Hauptanteil der Bischöfe an den untersuchten Klosterreformen erscheint vor allem durch einen Diskurs- und Kommunikationsvorsprung bedingt. Die Teilnahme am Basler Konzil ermöglichte den Bischöfen den Austausch über monastisches Reformgedankengut, welches sie in ihrer entlegenen Diözese verbreiteten und bereits während einer frühen Reformphase im Land umsetzten. Die Landesherren hingegen blieben aufgrund ihrer von den Reformzentren aus gesehenen peripheren Lage noch einige Zeit vom Reformdiskurs ausgeschlossen und konnten daher erst an der zweiten Reformphase im Land Anteil nehmen. So resultierte das ungewöhnlich hohe bischöfliche Reformengagement auch aus den Raumverhältnissen.

3.3.3 Der Adel

„[G]erade das Adelsproblem erwies sich häufig genug als der kritische Punkt einer Klosterreform"[343], so schreibt STIEVERMANN zum adligen Anteil an den monastischen Reformen. Der Widerstand des Adels resultierte dabei vor allem aus der reformbedingten Kritik an klösterlichen Adelsprivilegien. Insbesondere die Bursfelder Kongregation strebte eine soziale Öffnung der Benediktinerklöster an, wollte diese aus „adligen Interessenszusammenhängen"[344] lösen und geriet so mit dem Adel in Konflikt. Durch eine Mobilisierung ihrer Verwandtschaft seitens der Klosterinsassen konnte die adlige Agitation gegen die Reform eines Klosters noch verstärkt werden. Dennoch ist die Haltung des Adels hinsichtlich der Reformfrage nicht nur durch eine Gegnerschaft zu charakterisieren, sondern als ambivalent zu beschreiben. Nur ein reformiertes Kloster, so die Überzeugung, konnte sich gewissenhaft für das Seelenheil seiner Wohltäter einsetzen und damit seinen Platz in der Gesellschaft einnehmen. Quellen wie der Cismarer Nekrolog belegen daher ebenso die adlige Unterstützung reformierter Klöster.[345]

Um sich der Unterstützung des Adels für eine Klosterreform zu versichern, war es ein geschickter Schachzug der Initiatoren, den Adel möglichst früh in die diesbezügli-

---

340 Dabei handelte es sich bei ihnen auch nicht um „Bischöfe[n] von herzoglichen Gnaden", die unter landesherrlichem Einfluss agierten, wie in Mecklenburg und Pommern: Auge, Handlungsspielräume, 136.
341 Vgl. dagegen die Befunde zum württembergischen Territorium: Kap. 1.1, 10f. Anm. 8; zur Situation in anderen nördlichen Territorien vgl. Auge, Handlungsspielräume, 135f.
342 Vgl. Hoffmann, Spätmittelalter und Reformationszeit, 385.
343 Stievermann, Klosterreformen, 91.
344 Schreiner, Auslegung, 185; eine umfassende Behandlung der Adelsproblematik bei den Reformbewegungen ebd., 165-195; ders., Untersuchungen.
345 Vgl. Kap. 4.3.2, 87.

chen Entscheidungsprozesse mit einzubeziehen.[346] In dieser Weise handelten auch die holsteinischen Landesherren König Johann I. und Herzog Friedrich I. bei der Reform des Benediktinerinnenklosters Preetz. In die Preetzer Reformkommission beriefen sie nicht nur Geistliche, sondern auch zwei Vertreter adliger Familien, die enge Verbindungen zum Preetzer Kloster aufwiesen, nämlich Benedictus Pogwisch auf Gnening und Ove Rantzau auf Rastorf.[347] Insbesondere die Rantzaus waren auf vielerlei Weise mit dem Kloster verbunden. So standen sie mit dem Preetzer Konvent in Handelsbeziehungen, nahmen regelmäßig an den Rechenschaftsablagen des Propstes teil und genossen eine herausgehobene Stellung in der Gedenktradition des Klosters.[348] Zum Zeitpunkt der Reform entstammten von 66 verzeichneten Nonnen allein zwölf der Familie Rantzau.[349] Benedictus Pogwisch und Ove Rantzau gehörten mit dem Cismarer Abt und dem Bordesholmer Prior auch zu der Abordnung, die den Landesherren die Ergebnisse der Reform berichtete.[350] Bei der Planung einer zweiten Reformkommission weitete König Johann den Kreis der adligen Teilnehmer noch weiter aus, zusätzlich sollten der Ritter Hans von Ahlefeld, Hinrik Rantzau zur Steinburg, Hartich Pogwisch in Plön, Joachim Rantzau auf Ascheberg sowie Hans Pogwisch in Haseldorf zur Reformkommission gehören – die Hinzuziehung der Adligen hatte sich anscheinend als nützlich erwiesen.[351]

In ähnliche Richtung, nämlich den Widerstand der Adligen gegen eine Klosterreform erst gar nicht aufkommen zu lassen, zielt eine Urkunde des Bordesholmer Klosterkonvents, in welcher den Familien der Wulf, van der Wisch und Pogwisch das Protektorat über das Bordesholmer Kloster auch nach seiner Reform bestätigt wurde.[352] Die Ausstellung dieser Urkunde war Teil der Reformeinführung und geschah wohl auch auf Anraten der beiden erfahrenen Windesheimer Visitatoren, in deren Gegenwart ihr Inhalt erörtert worden war.[353]

Eine Brechung des Adelsprivilegs durch die Reformen ist in den holsteinischen Klöstern grundsätzlich nicht zu beobachten. Insbesondere in den Männerklöstern existierte dieses schon vorher nicht; so entstammte in Cismar selbst ein Teil der Äbte an-

---

346 Stievermann, Klosterreformen, 91.
347 Rosenplänter, Preetz, 134.
348 Ebd., 222f., 232. Die konstituierende Bedeutung der adligen Anhängerschaft für das Preetzer Kloster verdeutlicht auch das Selbstverständnis Anna von Buchwalds als Priörin: ego, Anna de Bockwolde, priorissa, de mandato et per obedientiam reverendi in Christo patris et domini, domini Theoderici, episcopi Lubicensis, domini mei gratiosissimi, et ob rogatu(m) multorum nobilium virorum, amicorum nostrorum: Diplomatar, ed. Jessien, 399.
349 Rosenplänter, Preetz, 218.
350 Ove Rantzau nahm auch am 20.12.1491 an der Einführung des Cismarer Mönchs Hermann Kolpin als Preetzer Propst teil, vgl. ebd., 136.
351 Im Jahr nach der Reformeinführung wurden zudem von der Priörin die Kontakte zu verschiedenen Adligen ungewöhnlich intensiv gepflegt: ebd., 137.
352 Monumenta, ed. Westphalen II 389, 472-477; vgl. zu dieser Urkunde auch Finke, Geschichte, 160, der in den Zugeständnissen an die Adligen einen Ausdruck der Schutzbedürftigkeit gegenüber dem Fürsten sieht.
353 Monumenta, ed. Westphalen II 389, 475: Alle dese artikele vorscreven synt gehandelt unde belevet in der jegenvvarticheyd der Werdigen und geistlichen Heren, Heren Hinrikes, abbates tom Cismar, hern Bernardus to Bodeke, und Anthonius to Molenbeke Priores, unse Visitatores.

gesehenen Lübecker Familien.[354] In den Nonnenklöstern Reinbek und Harvestehude lässt sich eine allmähliche Entwicklung hin zur Dominanz der städtischen Oberschichten beobachten, die jedoch weder erst mit den Reformversuchen einsetzte noch von ihnen stark beeinflusst wurde.[355] Andererseits änderte die Reform im rein adligen Preetzer Konvent nichts an dessen Exklusivität und stellte die adligen Privilegien nicht infrage. Auffällig ist allenfalls, dass gerade die beiden holsteinischen Zisterzienserinnenklöster Uetersen und Itzehoe, welche nicht Gegenstand von Reformbemühungen seitens der Kongregationen wurden, sich wie Preetz durch adlige Exklusivität auszeichneten.

Insgesamt betrachtet spielte der Adel jedoch sowohl als Förderer als auch als Verhinderer der Klosterreformen in Holstein eine weit geringere Rolle als in anderen Regionen. Dies liegt vor allen Dingen darin begründet, dass abgesehen von Preetz keines der untersuchten Klöster als klassischer Adelskonvent zu charakterisieren ist.

3.3.4 Die Stadt

Eine ähnlich ambivalente Haltung wie der Adel nahm die Oberschicht der Städte hinsichtlich der Reformen der urbanen Klöster ein, und zwar aus denselben Gründen: Auf der einen Seite stand das Interesse der Spender und Stifter an der sorgfältigen Fürbitte, deren Erfüllung den reformierten Konventen eher zugetraut wurde. Insbesondere bei eigenen Verwandten im Kloster, die für die Familie als Vertreter des geistlichen Standes „Träger[…] des religiösen Kapitals in institutionalisierter Form"[356] waren, bestanden enge Beziehungen bezüglich der Gebetshilfe. Gleichzeitig lagen gerade in dieser Verwandtschaft zu Klosterinsassen aber auch die Ressentiments außerklösterlicher städtischer Kreise gegen die Reform eines Konvents begründet: Da man die Interessen der Familienmitglieder geschädigt sah, wehrte man sich gegen Einschränkungen in der Lebensweise, gegen das Gebot der Armut, gegen die Verschärfung der Klausur.[357] Wie beim Adel ging es der städtischen Oberschicht zudem darum, eine gewisse Exklusivität des Klosters, welche sich auf die hohen Aufnahmekosten gründete, zu erhalten, um das Kloster im Sinne einer sozialen Abgrenzung nutzen zu können.[358]

Aus der Oberschicht rekrutierte sich die städtische Regierung. Deren Interessen an der Klosterreform gingen über familiäre und persönliche Interessen hinaus, widersprachen ihnen zum Teil sogar. So lag dem Rat in seiner institutionalisierten Form grundsätzlich sowohl an der Sicherung einer angemessen Seelsorge in der Stadt als auch an einer möglichen Steigerung der Reputation aufgrund der in der Stadt durchgesetzten Reformen. Zudem boten die Klosterreformen, ähnlich wie für die Landesherrschaft,

---

354 Grabkowsky, Cismar, 58, 113-120 (Abts- und Priorenliste).
355 Heuer, Reinbek, 68f.
356 Rüther, Prestige und Herrschaft, 124.
357 Der Eigenbesitz der Monasten stammte vornehmlich aus dem familiären Umfeld, in Form von Ausstattungen, Renten und Stiftungen, vgl. u.a. ebd. 124f.
358 Gleba, Reformpraxis, 206.

die Möglichkeit, die Verfügungsgewalt über die Klöster noch weiter auszudehnen.[359] Eine Trennung der Motivationen des Rates und der lokalen Oberschicht hinsichtlich der Klosterreformen muss jedoch aufgrund der genannten Verflechtung unscharf bleiben, da das Verhalten der Ratsmänner sowohl durch private Interessen als auch durch ihr Amt motiviert sein konnte.[360] Im Untersuchungsraum sind es vor allem die beiden Zisterzienserinnenkonvente in Lübeck und Hamburg, St. Johannis und Harvestehude, an deren Reformen bzw. Reformversuchen städtische Handlungsträger beteiligt waren und die ihr Echo im städtischen Umfeld fanden. Das diesbezügliche Quellenmaterial divergiert und bietet so unterschiedliche Zugriffsmöglichkeiten. Während für das Lübecker St. Johanniskloster vor allem Bürgertestamente herangezogen werden, existiert für Harvestehude der Augenzeugenbericht eines im Sinne der Fragestellung unmittelbar Betroffenen, nämlich des Bürgermeisters Hermann Langenbeck.[361]

3.3.4.1 Lübeck

Bereits im Jahre 1444 war das St. Johanniskloster in Lübeck Gegenstand von Reformbemühungen Johannes Buschs geworden, welcher sich um die Abschaffung des Eigenbesitzes bemühte. Glaubt man seinem Bericht, dann war letztlich der Lübecker Rat dafür verantwortlich, dass seine Reform scheiterte: Den Lübecker Bischof um Unterstützung bittend, habe ihm dieser geantwortet,

> nullum se ius in spiritualibus habere in civitate Lubicensi, sed decanus ibidem in summo cum suo capitulo totum ius in spiritualibus ex antiquo ibi haberet, qui tamen nihil faciunt aut facere audent ibidem sine consulatus voluntate.[362]

Die Kooperation zwischen Domkapitel und Rat ungeachtet des institutionellen Interessensgegensatzes in dieser Frage lag vor allem in den verwandtschaftlichen Bindungen zwischen beiden Gremien begründet.[363] Die Verwandtschaft von Ratsmännnern zu Nonnen im Konvent war es wohl auch, die den Rat die Reform ablehnen ließ – mobilisiert durch die klösterlichen Verwandten, denen ja die mit der Reform einhergehenden Einschränkungen von Busch deutlich vor Augen geführt worden waren.[364]

Bereits seit seiner Gründung war das St. Johanniskloster zunehmend in die Stadt integriert und der Einfluss der städtischen Regierung auf den Konvent ausgedehnt worden. Neben der Einrichtung von Vikarien durch Bürgermeister und Ratsherren und dem Verkauf von Altären an Ämter war die Übernahme des Provisorenamtes durch die beiden ältesten Bürgermeister im Laufe des 14. Jahrhunderts sinnfälligster Ausdruck dafür.[365] Der Rat gewann so erheblichen Einfluss auf die Verwaltung der klösterlichen Finanzen. Die Beanspruchung dieses Einflusses gründete sich auf die Herkunft eines

---

359 Schon vor den Klosterreformen war eine starke Einflussnahme der Stadträte in den örtlichen Klöstern charakteristisch, vgl. Neidiger, Stadtregiment, 566; Elm, Verfall, 228; ders. Überblick, 14.
360 Vgl. zu diesem Aspekt Urbanski, Harvestehude, 172.
361 Langenbeck, ed. Lappenberg.
362 Busch, ed. Grube II 48, 672.
363 Hauschild, Kirchengeschichte Lübecks, 125.
364 Vgl. Kap. 3.2.1, 30.
365 Graßmann, St. Johannis, 364f.; Rüther, Prestige und Herrschaft, 122.

großen Anteils des klösterlichen Vermögens aus bürgerlichen Stiftungen und Aufnahmegebühren, mehr aber noch auf die starke Bindung des Konvents an die städtischen Eliten, aus welchen sich der Großteil der Nonnen rekrutierte.[366]

Von Beginn an wurde der Konvent in den Testamenten der Lübecker Bürger berücksichtigt.[367] Zwei dieser Testamente belegen als einzige Quellen, dass es ca. 20 Jahre nach dem gescheiterten Erstversuch Buschs doch zu einer Reform im Konvent und damit zur Einführung der Observanz gekommen zu sein scheint. So bekundete Conrad Grawert 1466 in seinem Testament: *Item so geve ik dat Jungfrouwen Closter to sunte Johannis binnen Lübeck 100 M, isset, dat se ere regele holden, als se betughet hebben.*[368] Dass die Nonnen dieses Vermächtnis mit großer Wahrscheinlichkeit erhielten, belegt das zweite Testament, welches das erfolgreiche Einhalten der Reformbestimmungen zumindest bis 1473 dokumentiert: *Item in dat Jungfrouwen Closter to sunte Johannis geve ik 100 M. Dat sunt desulven 100 M, de ik en gelovet hebbe to gevende, wanner se de Reformacien angenommen hebben to holdende*, verfügte der Bürgermeister Berthold Wittig.[369]

Aufgrund der spärlichen Überlieferung muss der Charakter der Reform unbekannt bleiben. Es ist nicht festzustellen, ob eine der Kongregationen involviert war oder es sich eher um eine lokale Eigeninitiative handelte. Der Eigenbesitz der Nonnen wurde jedenfalls nicht dauerhaft abgeschafft, noch 1484 sind persönliche Legate bezeugt.[370] Auch die Gründe für die veränderte Haltung des Rates, für seine Genehmigung der Reform, müssen im Dunkeln bleiben. Eventuell ist hier an eine allmählich einsetzende Hinwendung zur Reform und den reformierten Konventen in der Frömmigkeitspraxis der Lübecker Stadtbevölkerung zu denken, welche – wie die Landesherren – erst mit einer gewissen Verzögerung im Vergleich zu den Bischöfen am Reformdiskurs partizipierte. Als ein außergewöhnliches Zeugnis für diese veränderte Frömmigkeitshaltung ist das Testament des Bankiers und Großkaufmanns Godert Wiggerinck zu nennen, welches die Bevorzugung reformierter Konvente durch den Stifter in der Sorge um das eigene Seelenheil dokumentiert.[371] So bedachte Wiggerinck in seinem 1511 verfassten Testament das reformierte Benediktinerkloster Cismar in Holstein mit 50 Mark,[372] ließ aber auch zahlreichen reformierten Konventen in seiner westfälischen Heimat Legate zukommen und verfügte darüber hinaus pauschal die Begünstigung von jeweils zehn

---

366 Ebd.
367 Ebd., 142.
368 Zit. nach Brehmer, Aus den Berichten, 121 Anm. 4.
369 Zit. nach ebd., 121 Anm. 5. Rüther, Prestige und Herrschaft, 149-153, erwähnt die beiden Testamente bei der Behandlung der Klosterreform in den Lübecker Bürgertestamenten nicht.
370 AHL Testamente 1484 Juli 3 (Brun Buskow), zit. nach Rüther, Prestige und Herrschaft, 126.
371 Vgl. zum Folgenden grundlegd Dormeier, Immigration und Integration; ders., Wirtschaftlicher Erfolg. Weitere Lübecker Testamente, bei denen eine Bevorzugung reformierter Konvente zu beobachten ist, bei dems., Immigration und Integration, 151 Anm. 158; vgl. auch Rüther, Prestige und Herrschaft, 149.
372 Testament des Godert Wiggerinck, ed. Dormeier, 159. Die Schenkung ist im Cismarer Nekrolog zum 22. April mit späterem Zusatz nach dem 23. April verzeichnet: Necrologium Cismariense, ed. Kohlmann, 303f., 377, vgl. Dormeier, Immigration und Integration, 147.

reformierten Männer- und zwanzig reformierten Frauenkonventen.³⁷³ Die außergewöhnlich hohe Summe von 300 Mark ließ Wiggerinck zudem dem Lübecker St. Annenkloster zukommen, welches sich zu diesem Zeitpunkt noch im Bau befand, um später nach Windesheimer Statuten lebende Nonnen zu beherbergen.³⁷⁴ Neben dem Michaelskonvent der Schwestern vom gemeinsamen Leben illustriert insbesondere diese Neugründung das Ausmaß des Laienengagements für ein reformiertes Klosterleben und verdeutlicht damit auch grundsätzlich die Frömmigkeitspraxis der Lübecker Oberschicht am Vorabend der Reformation.³⁷⁵

Erstaunlich ist, dass Wiggerinck den Lübecker Konvent der Schwestern vom gemeinsamen Leben nicht berücksichtigte und auch dem St. Johanniskloster kein herausgehobenes Legat des Testators zukam, obwohl zu diesem Zeitpunkt oder später eine seiner Töchter dort Nonne war.³⁷⁶ Zwar erhielt der Zisterzienserinnenkonvent neben den 10 Mark, die jeweils auch dem Katharinen- und dem Burgkloster vermacht wurden, noch eine nicht unerhebliche Menge an Naturalien, doch ist in dem Testament keine eindeutige Honorierung der dortigen Reform feststellbar.³⁷⁷ Dies könnte darauf hindeuten, dass zum damaligen Zeitpunkt – mehr als 40 Jahre nach der Einführung der Reform – diese schon weitgehend wieder aufgegeben worden war.³⁷⁸

Die Reform in St. Johannis und die Gründungen St. Michaels und St. Annens dokumentieren grundsätzlich, dass in Lübeck die Einrichtung und Durchsetzung observanten monastischen Lebens nur in enger Verzahnung mit Rat und Bürgerschaft möglich war und dass mehr noch Teile der Bürgerschaft selbst zu Initiatoren reformierter Neugründungen wurden.

3.3.4.2 Hamburg

Während sich in Lübeck die Reforminteressen von städtischer Regierung und Oberschicht weitgehend deckten, kam es in Hamburg bei dem vom Bremer Administrator initiierten Reformversuch Harvestehudes zum Konflikt zwischen Hamburger Rat und Teilen der führenden Stadtbevölkerung. Die Schilderung dieser Auseinandersetzungen ist dem Hamburger Bürgermeister Hermann Langenbeck zu verdanken.³⁷⁹ Er war jedoch kein unparteilicher Dritter, sondern direkt beteiligt, was bei der Interpretation seiner Aufzeichnungen, die den Charakter einer Rechtfertigungsschrift tragen, zu berücksichtigen ist.³⁸⁰ Zudem ist noch einmal darauf hinzuweisen, dass auch hier eine

---

373 Testament des Godert Wiggerinck, ed. Dormeier, 159f; vgl. zu möglichen Motiven Wiggerincks für die Bevorzugung der Reformer ders., Immigration und Integration, 151f.
374 Testament des Godert Wiggerinck, ed. Dormeier, 159. Den Stammkonvent bildeten reformierte Nonnen aus Steterburg bei Braunschweig, vgl. Rüther, Prestige und Herrschaft, 162.
375 Vgl. zur Gründung des St. Annenklosters ebd., 157-165; Dormeier, Gründung und Frühgeschichte.
376 Ders., Immigration und Integration, 146, 150, 156.
377 Testament des Godert Wiggerinck, ed. Dormeier, 158f.
378 1503 bemühen sich die Nonnen allerdings um eine Regelung, die ihnen die Teilnahme am Hochamt ermöglichen sollte, woraus mit aller Vorsicht noch auf eine gewisse reformerische Haltung der Nonnen geschlossen werden könnte, vgl. Graßmann, St. Johannis, 365f.
379 Langenbeck, ed. Lappenberg, 340-344.
380 Vgl. Lorenzen-Schmidt, Hamburger Aufstand, 29.

exakte Trennung von Rat und städtischer Oberschicht nicht vollzogen werden kann: Auch im Kloster Harvestehude, welches auf vielfältige Weise mit der Stadt und ihren Eliten verbunden war,[381] lebten Angehörige der Ratsfamilien als Nonnen im Konvent.[382]

Der Hamburger Rat war von Beginn der erzbischöflichen Reforminitiative an der Ansprechpartner Heinrich von Schwarzburgs. Er sollte als Vollstrecker des Reformvorhabens fungieren. In mehreren Briefen legte der Administrator seine detaillierten Forderungen an den Rat dar, die soweit reichten, dass der Rat nötigenfalls für die Entfernung oppositioneller Nonnen aus dem Harvestehuder Kloster sorgen sollte.[383] Auch die Visitatoren wandten sich für weltliche Reformhilfe an den Rat.[384] Wie die Stimmung im Hamburger Rat gegenüber diesen Forderungen war, verrät Langenbeck in seinem Bericht nicht. Lediglich die kurzfristige Ankündigung des Visitationstermins wird leise kritisiert, möglicherweise um daraus einen Grund für den unglücklichen Verlauf der folgenden Visitation abzuleiten.[385] Ansonsten jedoch folgte der Rat den Wünschen der Kleriker und erfüllte ihre Forderung, eine Abordnung zum Visitationstermin ins Kloster zu schicken, um die Reformeinführung zu unterstützen. Was die Motive des Rates waren, Heinrich von Schwarzburg zunächst in seinem Reformvorhaben zu unterstützen, wird nicht ganz deutlich. Nach URBANSKI könnte der junge Bürgermeister Langenbeck in der Reform des Konvents eine Möglichkeit gesehen haben, sich in einer Zeit der wirtschaftlichen Rezession, deren Ursachen auch dem Rat zur Last gelegt wurden, mit diesem gottgefälligen Werk zu profilieren.[386] Zudem könnten bei Langenbeck auch persönliche Überzeugungen eine Rolle gespielt haben, war er doch bis in seine Jugend von seinem Vetter, dem Bursfelder Reformer Gerd Halepagen, großgezogen worden, der als Propst von Buxtehude ebenfalls zur Harvestehuder Reformkommission gehörte.[387] Die Bedeutung, die der Rat dem ganzen Vorgang beimaß, zeigt sich darin, dass neben Langenbeck selbst noch ein weiterer Bürgermeister, nämlich Johann Huge, und der Ratsherr Paridom Luttken zur Ratsgesandtschaft gehörten.[388]

> Alse nun des rades depuerden frunde to Hervestehude quemen, folgeden vele fruwen und manne ut der stat, de een deel weldiglich mede int kloster drungenden, een deel auer de muren stegen und vor dem kapitelhuse grot ungestum dreuen mit worden und werken.[389]

Es gab also einen Teil der städtischen Bevölkerung, welcher sich gegen die Reform stellte. Langenbeck charakterisiert diesen als rohen Volkshaufen. Das ist falsch, denn die Namen der Aufständischen, die Langenbeck nennt, belegen, dass es sich um Per-

---

381 Besonders sind hier die Rentengeschäfte des wirtschaftsstarken Klosters hervorzuheben, dem der Rat 1438 auch ein eigenes Rentenbuch zugestand, vgl. Urbanski, Harvestehude, 117-126, 175f., 181f.
382 Ebd., 185f.
383 Vgl. Kap. 3.3.1.2, 46.
384 Vgl. Kap. 3.3.2, 35.
385 Langenbeck, ed. Lappenberg, 341; vgl. Urbanski, Kinder, 413; Raape, Aufstand, 17.
386 Urbanski, Kinder, 416f.
387 Ebd., 417.
388 Vgl. Neidiger, Stadtregiment, 543.
389 Langenbeck, ed. Lappenberg, 342.

sonen handelte, „die der gewerblichen Mittel- wie auch der kaufmännischen Oberschicht zuzuordnen"[390] waren. Zudem waren sie Verwandte und Freunde der Nonnen, wie Langenbeck selbst schreibt: *begevenen kinder frunde*.[391] Angesichts dieses Widerstands lenkte die Reformkommission und mit ihr der Rat überraschend schnell ein. Johann Hane, Hamburger Domherr, versprach nichts unternehmen zu wollen ohne Anhörung des Rates und der Verwandten am nächsten Tag.[392] Kommission und Rat ignorierten damit den erzbischöflichen Auftrag, die Reform auch gegen Widerstände durchzusetzen.

Bis zur Anhörung hatten sich die Gegner der Reform um einen Sprecher, Dietrich Mentze, formiert.[393] Ihr Widerstand gründete sich in erster Linie darauf, dass sie den Verwandten im Kloster ihren Lebensstil erhalten wollten und zudem den Erbanspruch auf die Renten, die den Nonnen zum persönlichen Gebrauch zur Verfügung standen und die nach ihrem Ableben zum Teil an die Familien zurückfielen, nicht verlieren wollten.[394] In Privatbesitz und klösterlichem Leben wurde folglich kein Widerspruch gesehen. Gleichwohl hatten sich Angehörige der Nonnen bereits ca. 20 Jahre zuvor um die Einhaltung des Gebots der *mensa communis* bemüht, indem sie diese durch die Gründung einer Brüderschaft finanzierten.[395]

Am Tag der Anhörung forderten die *frunde* unter Gewaltandrohung den Abzug der Visitatoren. Ihr Sprecher argumentierte rechtlich, indem er die Visitationsgewalt des Bremer Administrators bestritt und sie dem Reinfelder Abt, dem Vorsteher des nächstgelegenen Zisterzienserklosters, unterstellte.[396] Langenbeck machte sich als Sprecher des Rates diese Argumentation zunutze und setzte unter der Behauptung, die Visitationsverhältnisse prüfen zu wollen, die Visitation aus, indem er auch die Kommission zurückschickte. Letztlich also kapitulierte Langenbeck vor dem Einfluss der Freunde. Es war ihm klar, dass er sich durch sein Vorgehen viele Feinde in der führenden Stadtbevölkerung geschaffen hatte, was angesichts der angespannten wirtschaftlichen Lage so wenig in seinem Sinn war, dass er lieber die Auseinandersetzung mit dem Administrator riskierte.[397] Obwohl der Reinfelder Abt bei einem Besuch in Harvestehude das erzbischöfliche Visitationsrecht bestätigte, ließ Langenbeck die Reform im Sand verlaufen und erreichte schließlich auch eine Einigung mit Heinrich von Schwarzburg.[398] An dieser Einigung war auch der Ratsherr Evert Bokholt beteiligt, welcher nach dem gescheiterten Reformversuch Auseinandersetzungen mit der Ratsabordnung um Langenbeck hatte, da er ihr falsches Vorgehen vorwarf. Dass Evert

---

390 Lorenzen-Schmidt, Hamburger Aufstand, 29; vgl. die genaueren Untersuchungen zu den frunden bei Urbanski, Kinder, 419-421.
391 Langenbeck, ed. Lappenberg, 342.
392 Apologisierend schildert Langenbeck diesen unerwarteten Verlauf bei der Abfassung seines Berichts als bereits zuvor geplantes Vorgehen des Rates: ebd.
393 Dietrich Mentze hatte zwei Töchter im Kloster: Urbanski, Kinder, 419.
394 Ebd.
395 Vgl. zur Brüderschaft St. Johannis Urbanski, Harvestehude, 33-35, 183-185.
396 Langenbeck, ed. Lappenberg, 342f.; vgl. Lappenberg, Herwardeshude, 540f.
397 Vgl. Raape, Aufstand, 18f.
398 Langenbeck, ed. Lappenberg, 343f. Seine Teilnahme an den Verhandlungen mit dem Bischof verschweigt Langenbeck jedoch, er nennt nur Evert Bokholt als Gesandten, vgl. Raape, Aufstand, 19.

Bokholt selbst zwei Töchter im Kloster hatte, verdeutlicht noch einmal die schon erwähnte Vermischung privater und offizieller Interessen im Rat und die Trennungsunschärfe zwischen Rat und städtischer Oberschicht.[399]

Auch das Einlenken des Rates konnte das Ausbrechen eines Aufstands in der Hansestadt im folgenden Jahr nicht verhindern. In dem den Aufstand beendenden Rezess vom 19. Juli 1483 wurde die Situation des Harvestehuder Klosters geklärt und Konsequenzen aus dem gescheiterten Reformversuch gezogen. Mit der Begründung, dass die meisten Nonnen aus Hamburg selbst stammten, wurde verfügt, dass die Äbtissin zwei Personen des Rates zu Vorstehern des Klosters bestimmen sollte. Dies sollte auch zum Schutz *vor averval*[400] – wie der Reformversuch jetzt gesehen wurde – geschehen. Interessant ist, dass als Vorbild für eine solche Regelung Lübeck genannt wurde, wo dem St. Johanniskloster ja wie dargestellt bereits seit dem 14. Jahrhundert zwei Provisoren aus dem Rat vorstanden.[401] Mit dieser Bestimmung wurde der Einfluss des Erzbischofs gänzlich ausgeschaltet. Letztlich konnte so der Rat in seiner Unterstützung der Reformgegnerschaft seinen Einfluss auf den Konvent ausweiten.

3.4 Erfolg in den Männerklöstern, Misserfolg in den Frauenklöstern? Ein erstes Fazit

„In beiden Stiften hat die Begegnung mit der Windesheimer Reform eine neue Blütezeit herbeigeführt"[402], schreibt BÜNZ über die Augustinerchorherrenstifte Bordesholm und Segeberg. Dagegen stellt HEUER über die Reform in Reinbek fest: „Die Kommission verließ das Kloster und – es blieb alles beim alten. Die scheidenden Äbte legten der Priorin Anna Ratlow brieflich die verschiedenen Missstände dar, die sie im Konvent angetroffen hatten [...]; von ihrer Ablegung erfahren wir jedoch nichts."[403]

Zwar beziehen sich diese Zitate hinsichtlich der Auswirkungen der Reformeinführung auf einzelne Klöster des Untersuchungsgebiets, doch kann ihr Tenor für die behandelten Klöster verallgemeinert werden: Während die zumindest in Teilen erfolgreiche Umsetzung der Reformbestimmungen in den Männerkonventen anhand verschiedener Quellen belegbar ist, fehlen derlei Nachweise bei den Frauenkonventen weitgehend. Vielmehr finden sich Beweise für die Nichteinhaltung von Reformbestimmungen. Falls der *actus reformationis* also nicht schon bei seiner Einführung abgebrochen wurde – wie in Harvestehude und eventuell in Reinbek –, scheiterten die Klosterreformen in den Frauenkonventen in dem Sinne, dass die Reform nicht verinnerlicht und umgesetzt wurde. Lediglich das Benediktinerinnenkloster Preetz stellt hierbei eine

---

399 Langenbeck, ed. Lappenberg, 343: Jodoch worden mer lude darmede hoch verdacht und beargwanet, sundergs her Johan Huge und her Herman Langebeke, den sulvent her Evert Boekholt apenbar in erem bywesen aversede und so mer lude froet makede.
400 Auszug aus dem Rezess das Kloster Harvestehude betreffend, ed. Lappenberg, Herwardeshude, 10.
401 Ebd. Urbanski, Harvestehude, 42, nennt als angebliches Vorbild der Regelung fälschlicherweise Lüneburg; vgl. Kap. 3.3.4.1, 58f.
402 Bünz, Zwischen Kanonikerreform und Reformation, 46.
403 Heuer, Reinbek, 99.

Ausnahme dar, wenn auch seine Reform nicht als typisch zu bezeichnen ist, sondern laut ROSENPLÄNTER „einen eigenen Verlauf"[404] nahm.

Häufigster Beweis für die Nichteinhaltung von Reformvorschriften ist aufgrund der Quellenlage der Privatbesitz der Nonnen auch nach dem *actus reformationis*. So belegen Testamente aus Lübeck die Ausstellung privater Legate auch nach der Reformierung.[405] Ebenso verfügten die Nonnen in Reinbek, Preetz und Harvestehude nach den Reformen bzw. Reformversuchen über Leibrenten und Gelder zur persönlichen Verfügung.[406] Daneben wurde das Verbot, mehrere Schwestern bzw. engere Verwandten in einem Kloster aufzunehmen, zumindest in Preetz, Reinbek und Harvestehude weiterhin umgangen.[407] In Preetz ermöglicht die dichte Quellenlage auch Aussagen zu den näheren Lebensumständen nach der Reform. So existierte weder eine *mensa communis* noch wurde auf Fleisch verzichtet.[408] Zudem lebten Nonnen nicht in einem gemeinsamen Schlafsaal, sondern in einzelnen Zellen – das wichtige Reformanliegen der *vita communis* wurde also nur deutlich reduziert gelebt.[409]

Auch die Männerklöster der Untersuchung, die als reformiert galten, setzten freilich nicht alle erwähnten monastischen Reformvorschriften um, so ist beispielsweise für das Benediktinerkloster Cismar Privatbesitz bezeugt.[410] Entscheidend ist jedoch, dass außer im Kloster Preetz, auf dessen Sonderstellung noch einzugehen ist, in keinem Frauenkonvent Hinweise auf durch die Reform bedingte Änderungen im klösterlichen Leben, geschweige denn auf eine durch die Reform bedingte Blütezeit zu finden sind. Eine allgemeine Wertung des Erfolgs der Reformbewegungen in den Frauenklöstern durch STIEVERMANN fällt im Gegensatz zum Befund im Untersuchungsgebiet eher positiv aus: „Insgesamt scheint es aber so zu sein, daß die Klausur (vor allem in den Frauenklöstern) nach Wiederherstellung grundsätzlich beachtet worden ist. Vom Übel des Privateigentums ist in den Quellen [...] kaum mehr etwas zu spüren."[411]

Die Ursache hierfür ist grundlegend in der fehlenden Reformanbindung der untersuchten Frauenkonvente zu suchen: Der *actus reformationis* blieb ein einmaliger, von außen kommender Vorgang, wenn er auch im Untersuchungsgebiet von außergewöhnlich großen Reformkommissionen getragen wurde.[412] Er schloss keine Maßnahmen zur Einhaltung und Umsetzung der Reformen ein, da die Frauenklöster weder den Kongregationen anvertraut noch – außer Preetz – der Aufsicht eines reformierten Klosters unterstellt wurden.[413] Die Männerkonvente von Segeberg, Bordesholm und Cismar hingegen wurden Mitglieder der Kongregationen und so eingebunden in ein sicherndes Reformnetzwerk aus Visitationen und Kontrollen durch die Generalkapitel: *Et si, quod*

---

404 Rosenplänter, Preetz, 135.
405 Vgl. Kap. 3.3.4.1, 59.
406 Vgl. die Verzeichnisse der Klosterpersonen bei Urbanski, Harvestehude, 217-239, und Heuer, Reinbek, 104-122; Rosenplänter, Preetz, 184-186.
407 Vgl. Urbanski, Harvestehude, 217-239; Heuer, Reinbek, 76; Rosenplänter, Preetz, 218f.
408 Ebd., 167f.
409 Ebd., 171f.
410 1505 kamen Angehörige eines Cismarer Mönchs ins Kloster, um die Habe des Verstorbenen abzuholen: Grabkowsky, Cismar, 58.
411 Stievermann, Landesherrschaft und Klosterwesen, 288.
412 Vgl. Seibrich, Episkopat, 304.
413 Vgl. dagegen die Befunde aus westfälischen Frauenkonventen bei Gleba, Reformpraxis, 68-84.

absit, eos aut posteros eorum a via rectitudinis declinare contingeret, ad eam salubriter revocari,[414] so Bischof Arnold von Westphal in der Urkunde, mit welcher er den Anschluss Cismars an die Bursfelder Kongregation begründete und bestätigte.

Zu diesem Netzwerk gehörte auch der personelle Austausch. Beim *actus reformationis* wurde in allen holsteinischen Männerklöstern eine Gruppe reformierter Mönche eingeführt, welche die Klosterleitung übernahm. Auch nach dem *actus reformationis* ist es in den Klöstern zudem noch zum Austausch von Professen und Führungspersonal gekommen.[415] Dieser Aspekt, der eventuell noch effektiver für die Einhaltung einer reformierten Lebensweise sorgte als die Kontrolle durch eine Institution von außen, fehlte bei den Frauenkonventen ebenfalls, auch wenn er teilweise geplant war. Die wichtige Funktion, die die Einführung reformierter Nonnen hatte, schilderte Heinrich von Schwarzburg in seinem Reformaufruf für Harvestehude: Diese Schwestern hätten die Aufgabe *den anderen in der regulen vor to gaende unde en darinnen anwisinge unde leringe to doende, als des ock so van noeden is, so unse comissarii des so allet nicht doen konnen unde ock in allen unbeleret syn.*[416]

Wie in den Quellen deutlich wird, scheinen reformierte Nonnen im Norden ein rares Gut gewesen zu sein. So nannte der Erzbischof Ernst von Sachsen seine Bereitstellung reformierter Schwestern für Harvestehude einen schweren Entschluss, da die Nonnen *mit vil swerer arbeyt und muhe zugerichtet*[417] seien und bat um ihren besonderen Schutz. Auch für Reinbek fiel die Beibringung reformierter Schwestern nicht leicht: So sollten sie erst vom Bischof von Verden erbeten werden, bevor man sich schließlich an den Bischof von Hildesheim wandte.[418]

Es ist auffällig, dass in beiden Frauenkonventen des Untersuchungsgebiets, bei denen die Hinzuziehung reformerfahrener Schwestern geplant war, die – zum Teil schon bis auf die Zahl festgelegten – Nonnen nicht wie vorgesehen am *actus reformationis* teilnahmen und auch danach nicht eingetroffen zu sein scheinen.[419] Eine Ursache hierfür stellt neben dem Abbruch des Reformversuchs zumindest in Harvestehude eventuell auch die Peripherie des Untersuchungsgebiets dar. Anders als bei den Männerkonventen lief die Vermittlung der reformierten Nonnen ja nicht über die etablierten Strukturen der Kongregationen, sondern war ein Aushandlungsprozess außerklösterlicher Reformträger, die mit anderen um dieses bedeutende Reformelement konkurrierten. Es erscheint logisch, dass dabei am wenigsten weit entfernte Klöster bedacht wurden bzw. sich die Überführung der Nonnen dorthin am schwierigsten gestaltete. Die fehlende Einbindung in ein wie auch immer geartetes Reformnetzwerk lässt das Scheitern der von außen initiierten Reformen in den Frauenklöstern Holsteins, Lü-

---

414 Urkunden, ed. Volk 20, 92.
415 Vgl. u.a. Kap. 4.3.1, 83.
416 Brief Heinrich von Schwarzburgs an den Hamburger Rat v. 9.12.1482, ed. Lappenberg, Herwardeshude, 538
417 Zit. nach Raape, Aufstand, 17.
418 Vgl. Kap. 3.3.2.2, 53.
419 Bei Harvestehude war geplant, dass die Nonnen schon mit den Visitatoren ins Kloster kommen sollten: Brief Heinrich von Schwarzburgs an den Hamburger Rat v. 9.12.1482, ed. Lappenberg, Herwardeshude, 538: De welcken iunfferen wy myt unsen commissarien in dat vorschreven closter dencken to schickende; vgl. Heuer, Reinbek, 99.

becks und Hamburgs fast zwangsläufig erscheinen: Wie sollten denn die Konvente in ihrer „Reformisolation" den aktuellen monastischen Diskurs verinnerlichen und umsetzen?

Eine Ausnahme in dieser Hinsicht stellt, wie schon angedeutet, lediglich die Reform im Benediktinerinnenkloster Preetz dar. Die von außen an das Kloster herangetragene Reform scheiterte freilich und auch von der Unterstellung unter das Benediktinerkloster Cismar gingen wenig nachweisbare Impulse aus.[420] In einem ganz grundlegenden Aspekt hob sich diese Reform jedoch von den anderen ab: Sie wurde als einzige von eigenen Kräften im Konvent getragen, ging damit auf klosterinterne Initiativen zurück. Bereits vor den außerklösterlichen Bemühungen hatte Anna von Buchwald ihr Reformwerk begonnen. „Nicht im Reformversuch von außen, sondern in der inneren Reform, der Neuordnung der Liturgie, liegt der originelle Zug der Preetzer Klosterreform",[421] so schreibt ROSENPLÄNTER. Anna von Buchwald bemühte sich darüber hinaus zwar auch um die Verschärfung der Klausur, zur *vita communis* und zu persönlicher Armut führte sie ihren Konvent jedoch nicht zurück.[422]

So ist Preetz sicherlich nicht als reformiertes Kloster im Sinne der Kongregationen anzusprechen, dafür zeigt die Preetzer Reform jedoch, wie einzelne Klosterpersönlichkeiten sich aus eigenem Antrieb um ein lebendiges monastisches Leben sorgten und so eigene Reformwege beschritten.

---

420 Lediglich ein Brief des Bischofs von Lübeck belegt den Austausch von Reformideen über die Klostermauern hinaus, vgl. Kap. 3.3.1.1, 44. Das Wirken des Cismarer Propstes Hermann Kolpin, welcher dem Konvent im Anschluss an das Reformtreffen ein Jahr lang vorstand, wurde von Anna von Buchwald negativ beurteilt: Desse buwede nicht unnd makede XII C Mark Schult (Diplomatar, ed. Jessien, 399).
421 Rosenplänter, Preetz, 150.
422 Im „Buch im Chor" stellt sich Anna von Buchwald gegen den Privatbesitz, nimmt aber gewisse Gewohnheiten hin, vgl. die ebd., 186, zitierte Passage.

4 Auswirkungen und Umsetzungen der Reformen in den drei Männerklöstern

Zentrales geistliches Reformanliegen war die monastische Umkehr, die Umkehr zur *vita communis*, zur Armut, zur Verinnerlichung. Sie wurde vor allem durch das neue Verfassungselement der Kongregationen institutionalisiert, welches die Statuten und damit die Anleitungen zum praktischen Reformleben vorgab. Aus diesem Prozess resultierte eine Reihe von Reformphänomenen. Zu diesen wird allgemein der wirtschaftliche Aufschwung reformierter Klöster gezählt, ihre Konjunkturen der Buch- und Schriftkultur sowie die neuerliche Pflege des Geschichtsbewusstseins, welche einherging mit einer Rückbesinnung auf Gründer, Stifter und Patrone. Auch eine Phase der verstärkten baulichen Um- und Neugestaltung, vor allem im Sinne der Klausur und der *vita communis*, wird als allgemeine Reformauswirkung genannt.[423]

Um nun die Reformumsetzung in ihren Auswirkungen für ein einzelnes Kloster bzw. eine Klostergruppe zu untersuchen, wie es auch in dieser Arbeit geschehen soll, müssen nach GLEBA „sämtliche Quellenarten, schriftliche und nichtschriftliche, Gebrauchstexte und Realien, auf ihre Durchdringung mit reformerischem Gedankengut untersucht werden."[424] Ein solches Vorgehen ist jedoch nicht unproblematisch, da es dazu verleiten kann, Quellen als Ausdruck von Reformbestimmungen zu interpretieren, nur weil sie in die reformierte Zeit des Klosters datieren und von angeblichem Reformgedankengut „durchdrungen" scheinen. Ein Kausalzusammenhang ist oftmals nicht feststellbar, weswegen ohne konkrete Belege in den Quellen auf allgemeine Erkenntnisse rekurriert wird. So kann beispielsweise die Aktualisierung von Verwaltungsschriftgut einen Hinweis auf eine mögliche Reformauswirkung geben, einen Beweis stellt sie ohne ausdrücklichen Bezug auf die Klosterreform in den Quellen niemals dar.[425]

Daher werden in der vorliegenden Untersuchung für die Reformumsetzung im klösterlichen Leben zwei exemplarische Quellen betrachtet, bei denen sich ein Zusammenhang mit der Reform sicher nachweisen lässt. Es handelt sich hierbei um zwei innermonastische Schriftzeugnisse verschiedener Gattungen, nämlich um 15 Professurkunden aus dem Kloster Bordesholm und einen Nekrolog aus dem Kloster Cismar.

Bevor sich damit aber der Blick nach innen auf das Klosterleben richtet, sollen zuvor die Reformnetzwerke untersucht werden, in denen die drei reformierten Männerklöster Holsteins agierten. Einerseits nahmen die Konvente aktiv oder weniger aktiv an den Generalkapiteln teil, andererseits bildeten sie sowohl durch Visitationsaufträge der Kongregationen als auch durch eigene Initiativen Beziehungsgeflechte mit anderen reformierten Klöstern aus. Obwohl die Untersuchung beider Aspekte Schlüsse

---

423 Vgl. Stievermann, Landesherrschaft und Klosterwesen, 289; Becker, Reformbewegungen, 27-33; Heutger, Niedersächsische Ordenshäuser, 276.
424 Gleba, Reformpraxis, 40.
425 Vgl. dagegen ebd.: „Die Aktualisierung von jeder Art Verwaltungsschriftgut – Rechnungsbücher für unterschiedlichste Posten, Heberegister, Einnahmen- und Ausgabenverzeichnisse, Einkaufslisten – zeigen [sic!] ein Reformbewusstsein, das zum Bestandteil des praktischen Alltags geworden ist."

auf die regionale und überregionale Bedeutung und damit auch auf den Rang als Reformkloster zulässt, fand sie bisher in der Forschung eher nachrangige Beachtung.[426]

Auch in Holstein ist ein Zusammenhang der Reformen mit verschiedenen Bau- und Kunstwerken der Klöster, vor allem Segebergs und Bordesholms, vorhanden, welcher jedoch im Rahmen der vorliegenden Arbeit nur skizziert werden kann. Nachweislich gehen die Erweiterungen der Kirchenschiffe der beiden Augustinerchorherrenstifte auf die Reform zurück. In Segeberg wurde nach 1470 ein größerer Chor angebaut, wodurch eine stringentere Trennung von Chor- und Laienraum gewährleistet werden konnte.[427] In Bordesholm ist nach dem Anschluss an die Windesheimer Kongregation das Langhaus noch einmal um zwei Joche verlängert und dem Chorraum der Mönche somit im Osten mehr Platz eingeräumt worden.[428] Im Innenraum der Bordesholmer Klosterkirche kam es daneben ebenfalls zu aufschlussreichen Veränderungen. So kann die Verlegung des Grabes des Klostergründers Vicelin aus dem Chor vor dem Hauptaltar nach Norden ebenso wie die genannte Erweiterung der Kirche mit der Schaffung eines ungestörten Chorraumes zusammenhängen.[429] Als Kunstwerke, bei denen diskutierbar ist, ob sie als Ausdruck der Reform gelten können, sind im Untersuchungsraum insbesondere die beiden zu Beginn des 16. Jahrhunderts geschaffenen Hauptaltäre von Segeberg und Bordesholm anzuführen.[430] Bei der Schaffung der beiden Schnitzaltäre könnte zudem die Konkurrenzsituation zwischen beiden Klöstern eine Rolle gespielt haben, welche sich auch in der Reformgeschichte beider Niederlassungen zeigt.[431] Für Bordesholm ist darüber hinaus für das 1509 von Herzog Friedrich I. gestiftete Chorgestühl nach einem Reformzusammenhang zu fragen – auch hier könnte die Abschottung der Mönche und die gestiegene Bedeutung des Chorraumes Anlass gewesen sein.[432]

---

426 Eine Ausnahme bildet die detaillierte Untersuchung der Strukturen der Bursfelder Kongregation durch Hammer, Substrukturen.
427 Vgl. Registrum, ed. Hille 23, 39f.: eyn koer to buwen opp ener bequeme stede to deme denste godes, dar se wes mochten mede werden vorlichtiget van der beswaringe, de se hebben van der kerspelkercken de en hinderlick is in wisse eres gestlikes levendes. Der Chorausbau wurde archäologisch nachgewiesen, vgl. Teuchert, Stiftschor.
428 Schon vor den Windesheimern sind zwei Bauphasen nachweisbar, vgl. Kähler, Bordesholmer Altar, 33f.; zur Erweiterung unter den Windesheimern ebd., 32 (Grundriss von 1730), 38; Kunst-Topographie, 618. Welches Gewicht der Windesheimer Reform beigemessen wurde, zeigt die ehemalige lateinische Giebelinschrift, bei der gleichrangig neben dem Gründungs- und dem Umsiedlungsdatum Bordesholms das Datum der Reform erwähnt wurde, vgl. Kähler, Bordesholmer Altar, 19.
429 Ebd., 26, 41; Ficker, Zur Geschichte, 369; Bünz, Zwischen Kanonikerreform und Reformation, 63.
430 Der vermutlich um 1515 von einem unbekannten Meister geschaffene Segeberger Schnitzaltar zeigt in zwölf Bildszenen die Leidensgeschichte Christi, vgl. Kunsttopographie, 746f.; Teuchert, Stiftschor, 13f. Die Passion Christi ist auch Hauptthema des weitaus bedeutenderen Bordesholmer Altars von Hans Brüggemann (1521), vgl. u.a. Albrecht, Bordesholmer Altar des Hans Brüggemann; Appuhn, Bordesholmer Altar und die anderen Werke. Insbesondere der Zusammenhang zwischen dem Bildprogramm des Bordesholmer Altars und der Windesheimer Reform wurde bereits kontrovers diskutiert, vgl. Kähler, Bordesholmer Altar, 59-87; Appuhn, Bemerkungen, 31-34.
431 Kunstdenkmäler der Stadt Schleswig 2, 334; vgl. Kap. 3.3.1, 26.
432 Vgl. Kähler, Bordesholmer Altar, 26, 45-54.

Ebenso könnten zwei zu Beginn des 16. Jahrhunderts für Bordesholm geschaffene Nebenaltäre, nämlich der Augustinusaltar und der Kirchenväteraltar, Ausfluss der Reformorientierung sein.[433] Bei ihnen hat vielleicht die besondere Wertschätzung der Kirchenväter durch die Devotio Moderna ihren Ausdruck gefunden, was aber noch näher zu prüfen wäre.[434]

4.1 Die Klöster als Mitglieder ihrer Kongregationen

Die Verbindung der Mitgliedsklöster einer Kongregation sicherte vor allem die jährlich stattfindende Vollversammlung aller Klostervorsteher, das Generalkapitel. Unter der Leitung des Generalpriors von Windesheim bzw. des Abtes von Bursfelde wurden auf ihm alle die Kongregation betreffenden Fragen behandelt, wozu vor allem die Schaffung und fortwährende Anpassung einheitlicher und verbindlicher Statuten gehörte.[435] Darüber hinaus erörterte man aber auch Angelegenheiten einzelner Mitgliedsklöster und nutzte das Generalkapitel nicht zuletzt zur Erteilung der regelmäßigen Visitationsaufträge. Das Kapitel 4.2 mit seinen Unterkapiteln widmet sich unter anderem den daraus entstehenden Visitationsnetzwerken, während zunächst die weiteren Funktionalitäten und Kontakte, die zwischen der untersten Stufe des einzelnen Klosters und der obersten des Generalkapitels entstanden, betrachtet werden sollen.[436]

4.1.1 Segeberg und Bordesholm in der Windesheimer Kongregation

Das Augustinerchorherrenstift Segeberg wurde 1445 als 48. Männerkloster der Windesheimer Kongregation inkorporiert, welche bis 1530 83 Männer- und 13 Frauenklöster umfassen sollte.[437] Aufgrund der großen Entfernung von mehr als drei Tagesreisen musste der Prior von Segeberg nur alle zwei Jahre am Generalkapitel in Windesheim teilnehmen.[438] Leider liefern die Generalkapitelsakten keine Information darüber, ob er dieser Verpflichtung nachgekommen ist und ob er regelmäßig Ämter auf den Zusammenkünften übernahm. In den ersten Jahren nach seinem Beitritt tauchte der Konvent von Segeberg grundsätzlich in den Akten nur in einer passiven Rolle auf. Die Order im Jahre 1458 an die Visitatoren Segebergs, Maßnahmen zur Disziplinierung zu ergreifen, weist ebenso wie der Auftrag des Generalkapitels, dem Konvent einen geeigneten

---

433 Kähler, Bordesholmer Altar, 49-51.
434 Für den Hinweis danke ich Dr. Katja Hillebrand; vgl. Staubach, Bedeutung der Kirchenväter.
435 Vetus disciplina 1, ed. Amort; Caeremoniae Bursfeldenses, ed. Albert. Die Verhandlungen auf den Generalkapiteln folgten sowohl in der Bursfelder als auch in der Windesheimer Kongregation einem Schema, zu dem die Bestätigung einer Entscheidung auf den folgenden Generalkapiteln gehörte, vgl. Kohl, Windesheimer Kongregation, 101; Hofmeister, Verfassung der Bursfelder Kongregation, 44.
436 Vgl. Hammer, Substrukturen, 398.
437 Vgl. die Liste der inkorporierten Klöster, die das Generalkapitel erstellen ließ: Acta capituli, ed. van der Woude, 132-136; vgl. Acquoy, Windesheim 3, 117-119.
438 Hofmeister, Verfassung der Windesheimer Augustinerchorherren-Kongregation, 207.

Subprioren zu beschaffen, auf die Probleme der Reformdurchsetzung in Segeberg hin, welchen das Generalkapitel mit diesen Maßnahmen zu begegnen suchte.[439] Aktiv übernahm das Kloster nachweislich erstmals 1474 eine Aufgabe für die Kongregation, als es sich um eine Reform Bordesholms bemühte. Ein entsprechender Reformauftrag lässt sich in den Generalkapitelsakten nicht finden, was aber nicht erstaunlich ist, da die diesbezügliche Weisung wohl direkt auf den Administrator Heinrich von Schwarzburg zurückging.[440] In den Akten trat Segeberg erst 1484 wieder in Erscheinung, als sein Prior auf dem Generalkapitel um die Aufnahme von zwei Donaten nachsuchte, welche auch gewährt wurde.[441] Der einzige Reformauftrag, welcher Segeberg und Bordesholm je vom Generalkapitel erteilt wurde, betraf 1506 das Augustinerchorherrenstift Jasenitz.[442] Diesen Auftrag haben die beiden Holsteiner Klöster jedoch nicht erfüllt. 1511 ist Jasenitz dem Generalkapitel von zwei anderen Prioren inkorporiert worden.[443] Bezeichnenderweise deuten die Generalkapitelsakten des gleichen Jahres auch wieder auf neuerliche Schwierigkeiten mit einzelnen Brüdern in Segeberg hin.[444] Das Augustinerchorherrenstift Bordesholm ist in einer Liste der Windesheimer Männerklöster von 1530 an viertletzter Stelle verzeichnet.[445] Es trat der Kongregation erst bei, als ihre Blütezeit eigentlich schon überschritten war und nahm aufgrund seines späten Beitritts auch einen formal niedrigen Rang ein.[446] Dennoch pflegten das Generalkapitel und der Generalprior von Windesheim auch zum weit entfernten Bordesholm einen regelmäßigen Briefkontakt, wie überlieferte Briefe aus dem Bordesholmer Klosterarchiv belegen. So leitete das Generalkapitel 1499 die Abschrift einer päpstlichen Urkunde gegen die Entfremdung der Güter des Augustinerordens weiter, damit der Konvent diese als Rechtsmittel nutzen konnte.[447] Auch 1557 und 1564 stand man noch in Kontakt mit dem Generalkapitel, wobei ein Bericht über die Beschlüsse und Wahlen des Generalkapitels von 1557 darauf hindeuten könnte, dass der Bordesholmer Prior nicht mehr persönlich nach Windesheim kam.[448] Herausragendstes Zeugnis des Kontakts, welcher auch noch in den Reformationswirren aufrecht erhalten wurde, ist die Antwort des Generalpriors auf einen Brief des Bordesholmer Vorstehers, in welchem sich Letzterer aufgrund der schwierigen Zustände um den Konvent sorgte. Im Antwortschreiben vom 11. Oktober 1541 sicherte der Generalprior dem Bordesholmer Konvent Rat und Hilfe zu und gab praktische Ratschläge. So sollte der Konvent trotz der reformatorischen Unruhen unbedingt an den *tria substantialia* festhalten und heim-

---

439 Acta capituli, ed. van der Woude, 58, 64.
440 Vgl. Kap. 3.3.1.2, 45.
441 Acta capituli, ed. van der Woude, 80.
442 Die Reform sollte durch Verhandlungen der beiden Prioren mit dem Bischof von Cammin erreicht werden, vgl. ebd., 102: Commissum prioribus de Zeghenberghe et de Berdeshom inquirere de statu domus Jasonis et cum episcopo agere ut cedat suo iuri in ea domo, ut si visum fuerit capitulo incorporetur.
443 Von den Prioren von Möllenbeck und Sülte bei Hildesheim: ebd., 107.
444 Ebd.
445 Ebd., 136; vgl. Acquoy, Windesheim 3, 182-185.
446 Vgl. Kohl, Windesheimer Kongregation, 91; Hofmeister, Verfassung der Windesheimer Augustinerchorherren-Kongregation, 208.
447 Monumenta, ed. Westphalen II 407, 493-498.
448 Ebd. II 442, 540-545/449, 553f.

lich Messe feiern.[449] In der Aufgabe der Bordesholm noch verbliebenen Pfarreien sah der Oberste der Kongregation kein Problem, während er die Anstellung eines lutherischen Lektors als unbedingt zu verhindern betrachtete. Zum Zeitpunkt des Briefes scheint der Kontakt der Kongregation zum Konvent von Segeberg, welcher bereits zu Beginn der zwanziger Jahren im Gegensatz zu Bordesholm mit seinen Zahlungen an das Generalkapitel in Rückstand geraten war, vollends abgerissen zu sein: *Salutabis ex me vicinum Patrem Priorem de Zegheberghe, cujus vices quoque vehementer doleo*,[450] wird der Bordesholmer Prior im Brief beauftragt. Dieser Auftrag zeigt zudem aber auch – wie der gemeinsame der Reformbefehl für Jasenitz –, dass die beiden konkurrierenden holsteinischen Chorherrenstifte vom Generalkapitel als Gruppe wahrgenommen wurden.

Zusammenfassend lässt sich aus dem vorhandenen Material auf eine relativ geringe Bedeutung der beiden holsteinischen Augustinerchorherrenstifte innerhalb der Kongregation schließen. Zwar stand zumindest Bordesholm trotz der Entfernung im regelmäßigen Briefverkehr mit Windesheim und dem Generalkapitel, doch erhielten Segeberg und Bordesholm nur einen Reformauftrag und konnten diesen nicht umsetzen. Ihre aktive Wirkung für die Kongregation war daher gering.

4.1.2 Cismar in der Bursfelder Kongregation

Mit Cismar wurde 1449 ein erstes Kloster des benediktinischen Provinzialkapitels von Bremen-Magdeburg in die Bursfelder Kongregation aufgenommen. Es gehörte als fünftes Mitglied beinahe zu den Gründungsklöstern des Verbandes.[451] Welche Rolle Cismar in der Kongregation einnahm, dokumentieren die ab 1458 einsetzenden Generalkapitelsrezesse der Bursfelder Kongregation. Im Gegensatz zu den Akten des Windesheimischen Generalkapitels verzeichneten sie auch die Anwesenheit der Äbte sowie die Übernahme von Ämtern und erlauben so eine detailliertere Analyse.[452]

Wie die Prioren der Augustinerchorherrenstifte Segeberg und Bordesholm war auch der Cismarer Abt aufgrund der großen Entfernung von den Zentren der Kongregation nicht zur jährlichen Teilnahme am Generalkapitel verpflichtet, sondern musste nur alle drei Jahre anreisen.[453] Cismar war im durch die Rezesse verzeichneten Zeitraum 1460 das erste Mal nachweislich bei einem Generalkapitel anwesend und 1520

---

449   Monumenta, ed. Westphalen II 434, 530-535, hier 533; vgl. Finke, Geschichte, 202f.
450   Monumenta, ed. Westphalen II 434, 535. Dennoch wurde Segeberg noch bei der Errichtung von sieben Unterprovinzen auf dem Generalkapitel von 1559 berücksichtigt und damit der Anspruch auf Segeberg aufrecht erhalten: Acta capituli, ed. van der Woude, 167.
451   Da die Bursfelder Klöster im Gegensatz zu denen der Windesheimer Kongregation meist nicht exemt waren, waren sie verpflichtet, auch nach ihrem Anschluss an die Reformkongregation die Provinzialkapitel zu besuchen. Schon 1437 hatte Cismar am ersten Provinzialkapitel der Provinz Magdeburg-Bremen teilgenommen, vgl. Helmrath, Capitula, 112-117.
452   Generalkapitels-Rezesse, ed. Volk.
453   Faust, Benediktinisches Mönchtum, 30.

das letzte Mal.⁴⁵⁴ In dieser Zeitspanne von 60 Jahren besuchte der Abt die Zusammenkünfte der Kongregation insgesamt 19mal. Er war also wie vorgeschrieben ungefähr auf einem Drittel der Kapitel anwesend, doch ist hierbei kein regelmäßiges dreijähriges Erscheinen erkennbar. Während einerseits mehrere aufeinander folgende Jahre hintereinander das Generalkapitel besucht wurde, existierten andererseits auch Fehlzeiten von über drei Jahren.⁴⁵⁵ Letztere häuften sich gegen Ende der aktiven Zeit Cismars in der Kongregation.⁴⁵⁶ Ähnliches lässt sich auch hinsichtlich der Verurteilungen des Konvents wegen der Kontumaz, das heißt wegen unentschuldigten Fehlens auf dem Generalkapitel, beobachten. Insgesamt wurde der Konvent 20mal aufgrund dieses Vergehens verurteilt, davon aber nur achtmal vor 1520.⁴⁵⁷ Durch die Reformationswirren scheint sich also die Verbindung zwischen Cismar und seiner Kongregation mehr und mehr gelöst zu haben, bis sie schließlich ganz abriss.

Um einer Kontumazverurteilung zu entgehen, musste der Abt eines Bursfelder Mitgliedsklosters einen anderen anreisenden Abt als seinen Vertreter benennen.⁴⁵⁸ Auch der Cismarer Abt nutzte diese Möglichkeit, welche Hinweise auf Netzwerke und Verbindungen zwischen den Klöstern innerhalb der Kongregation liefern kann. Ab 1493 wurden die Vertreter, die Prokuratoren, namentlich in den Rezessen verzeichnet. In diesem Zeitraum wurde Cismar hauptsächlich neunmal durch das Kloster Oldenstadt und viermal durch das Kloster St. Michael bei Hildesheim vertreten.⁴⁵⁹ Während St. Michael zur Riege der führenden Reformklöster der Kongregation gehörte und eventuell daher sein Abt zum Prokurator gewählt wurde,⁴⁶⁰ scheint bei dem erst 1482 inkorporierten Oldenstadt die relative Nähe zum Cismarer Kloster ausschlaggebend gewesen zu sein. Obwohl es immer noch über 150 km von Cismar entfernt lag, war Oldenstadt bis 1510 das Cismar am nächsten gelegene Bursfelder Kloster.⁴⁶¹ Diese Vertretungen korrespondierten nicht mit den festen regionalen Substrukturen der Kongregation, in die die Mitgliedsklöster von 1474 bis 1491 eingeteilt worden waren: Zwar gehörte Oldenstadt zur gleichen Zirkarie wie Cismar, St. Michael bei Hildesheim jedoch zur Zirkarie *Saxoniae*. Die Untergliederung hatte zumindest im Falle Cismars nicht auf eine Beschränkung der Kontakte auf die Klöster der eigenen Zirkarie geführt.⁴⁶²

---

454 Generalkapitels-Rezesse, ed. Volk I, 103, 481. Als aktives Mitglied wurde Cismar zwischen 1458 und 1542 erwähnt (ebd. I, 97/II, 61) und dann noch einmal mit der Übertragung des Klosters an die Englische Benediktinerkongregation 1628 (ebd. II, 479).
455 Ebd. I, passim.
456 So 1509/10/11 (ebd. I, 392, 400, 412) und 1517/18/19 (ebd. I, 459, 475).
457 Ebd. I, 102, 111, 130, 147, 170, 244, 320, 475, 497, 511, 520/II, 5, 9, 31, 35, 40, 46, 51, 57, 61.
458 Den Prokuratoren kam keine Stimme zu; sie mussten aber im Namen ihrer Mandanten um die symbolische Amtsenthebung bitten: Hofmeister, Verfassung der Bursfelder Kongregation, 50.
459 Vgl. Generalkapitels-Rezesse, ed. Volk I, 289, 334, 362, 374, 392, 400, 412, 434, 489 (Oldenstadt), 262, 313, 341, 354 (St. Michael).
460 Vgl. zur Führungsrolle St. Michaels bei Hildesheim Faust, St. Michael, 225f., Hammer, Substrukturen, 407f.
461 Vgl. Karte in Volk, Register, 307 (Oldenstadt = Altülzen. Harsefeld und Stade wurden 1510 inkorporiert). Auch hinsichtlich der Visitationen gab es enge Verbindungen zwischen Cismar und Oldenstadt, vgl. 4.2.2., 78.
462 Zur Unterteilung der Kongregation in Zirkarien vgl. Hammer, Substrukturen, 412f.

Aufgrund seiner abgeschiedenen Lage und seiner im Vergleich zu anderen inkorporierten Klöstern geringen Größe wurde Cismar nie Tagungsort der dezentralen Kongregation. Zudem verlagerte sich mit der Ausdehnung der Kongregation ihr Schwerpunkt allgemein weiter nach Süden. Zu den Hauptorten, welche sich als häufige Tagungsorte und als Aufbewahrungsorte für die wichtigsten Rechtsdokumente auszeichneten, gehörten um 1470 neben dem immer mehr an die Peripherie rückenden Bursfelde die Abteien in Erfurt, Mainz und Köln.[463] Dennoch verursachte diese allgemeine Verlagerung, welche im Bedeutungsverlust Bursfeldes gut die räumliche Komponente für eine herausragende Stellung illustriert, keine Schwächung Cismars in der Kongregation, im Gegenteil: Unter dem Abbatiat Heinrichs II. von Minden (1473-1494) rückte Cismar sogar zeitweise in die mittlere Riege der führenden Reformklöster auf. Schon HAMMER hat in ihrem Aufsatz betont, wie stark die Bedeutung eines Klosters innerhalb der Kongregation von der Persönlichkeit des vorstehenden Abtes abhing und dass es nur sehr wenigen Klöstern gelang, eine von der Person des Abtes unabhängige Führungsrolle einzunehmen.[464] Das Cismarer Beispiel kann der Unterstreichung ihrer These dienen. Es ist erstaunlich, wie Cismar mit dem Amtsantritt Heinrichs aus der Reihe der passiven Klöster heraustrat: Nur unter seinem Abbatiat wurde Cismar zum Reformkloster, durch dessen Vermittlung zwei Klöster in Dänemark, nämlich das Kloster Vore (Oratorium Dacie) und das Kathedralkloster bei Odense, in Kontakt mit der Bursfelder Kongregation kamen.[465] Da die Inkorporation Vores gelang, hatte Cismar unter Abt Heinrich die Kongregation noch weiter nach Norden erweitert und so seine Position als Brückenkopf genutzt. Heinrich übernahm zudem als einziger der Cismarer Äbte mehrfach Ämter auf dem Generalkapitel.[466] So war er nicht nur von allen Cismarer Äbten bei weitem am häufigsten auf den jährlichen Zusammenkünften anwesend,[467] sondern übernahm zweimal das Amt des Schreibers, einmal das des Definitors und hielt auf dem Generalkapitel von 1486 die Eröffnungspredigt.[468] Zwar erreichte er damit nicht die Leistungen der Äbte der obersten Führungsriege der Bursfelder Kongregation,[469] doch überrascht es nicht, dass auf der Totenliste des ersten Generalkapitels nach seinem Tode sein Name an erster Stelle stand.[470] Die aktive Rolle, die Cismar während seiner Amtszeit in der Kongregation eingenommen hatte, konnten seine Nachfolger nicht beibehalten. Abt Heinrichs Wirken aber revidiert zu einem Teil

---

463 Hammer, Substrukturen, 409-411.
464 Ebd., 407f.
465 Generalkapitels-Rezesse, ed. Volk I, 233, 237, 257.
466 Von den anderen Cismarer Äbten übernahm nur Abt Laurentius II. (1504-1513) einmalig auf dem Generalkapitel von 1508 das Amt des Zelebranten der Hl. Messe: ebd. I, 379.
467 Insgesamt besuchte Abt Heinrich achtmal das Generalkapitel, was natürlich auch in seiner langen Amtszeit begründet lag, vgl. ebd. I, 158, 173, 186, 192, 219, 229, 236, 248.
468 Ebd. I, 217, 219, 229, 248. Mehrere Predigten, die für das Generalkapitel bestimmt gewesen sein könnten, haben sich in einer Handschrift (Kopenhagen, Det Kong. Bib., Gl. Kgl. S. 1369-4°) erhalten: ebd. I, 218 Anm. 1.
469 Vgl. dagegen beispielsweise das Wirken Gunthers von Nordhausen, Abt der Erfurter Abtei St. Peter, welches Hammer, Substrukturen, 403f., auflistet: Reform von acht benediktinischen Männerklöstern und mindestens zehn Frauenklöstern, sechsmal Amt des Mitpräsidenten, fünfmal das des Definitors, sechs Eröffnungspredigten.
470 Generalkapitels-Rezesse, ed. Volk I, 270.

das Urteil GRABKOWSKYs „daß Cismar bei größerer räumlicher Nähe zu den übrigen Klöstern der Kongregation einen wichtigeren Beitrag zu der gemeinsamen Arbeit hätte leisten können und wollen":[471] Trotz der großen räumlichen Entfernung hatte der Konvent von Cismar unter der richtigen Führungspersönlichkeit am Leben der Kongregation teilgenommen und insbesondere ein Handlungsfeld genutzt, das sich aus seiner außergewöhnlichen räumlichen Lage ergab, nämlich die Ausdehnung nach Dänemark.

4.2 Geistliche Multiplikatorenrolle: Visitationen, Vernetzungen, Attraktivität

Durch Reformaufträge, Visitationen, Aufsichtsrechte und Gebetsbrüderschaften waren die reformierten Klöster eingebettet in ein Netzwerk, welches – durch die Kongregationen bedingt – überregional gespannt war, aber auch eine starke regionale Komponente aufwies. Durch sein Wirken konnte sich ein Konvent auch in der regionalen gesellschaftlichen Umgebung als reformiert positionieren und profilieren.[472] Häufig erlebten daher die Klöster nach ihren Reformen einen rapiden Anstieg der Mitglieder und/oder eine Zunahme von Spenden und Stiftungen. Diese Verbindungen nach außen sollen mit ihrer Wirkung Gegenstand der beiden folgenden Unterkapitel sein.

4.2.1 Segeberg und Bordesholm: Visitationsberichte und die Schwestern vom gemeinsamen Leben

Überregionale Visitationen und daraus resultierende Verbindungen sind für die beiden Augustinerchorherrenstifte Segeberg und Bordesholm kaum nachweisbar. Als Gegenüber ihrer tatsächlichen oder geplanten Reformvisitationen werden nur zwei Klöster genannt. Zum einen das dänische Kloster Æbelholt in Tjæreby, welches Gegenstand des reformerischen Wirkens des Segeberger Priors Albert Wiltinck geworden sein soll, zum anderen Jasenitz in Pommern, mit dessen Reform die beiden Augustinerchorherrenstifte wohl aufgrund des Filiationsverhältnisses zu Bordesholm vom Generalkapitel beauftragt worden waren.[473] Während Letzteres definitiv nicht von den Segebergern und Bordesholmern der Kongregation angeschlossen wurde, wurde Ersteres gar nicht erst inkorporiert. Von welcher Art also die Reformbemühungen Wiltincks um Æbelholt waren, die Busch mit dem uneingelösten Versprechen mitteilte, an anderer Stelle

---

471 Grabkowsky, Cismar, 68.
472 Vgl. Kohl, Windesheimer Kongregation, 94, 104.
473 Ab 1287 ist sicher ein Filialverhältnis des Klosters Jasenitz zum damals noch in Neumünster liegenden Kloster belegt: Monumenta, ed. Westphalen II 209, 201-204. Zu diesem Filialverhältnis gehörten gemeinsame Gewohnheiten, das Visitationsrecht des Bordesholmer Propstes und der Austausch von Kanonikern, vgl. SHRU III 866, 494f./870, 497f./922, 527f./927, 530f.; ebd. IV 1515, 924-926; Scholz, Jasonis, 251f.; vgl. zur Inkorporation des Jasenitzer Klosters Kap. 4.1.1, 70.

mehr zu berichten, muss offen bleiben – zu einem Erfolg führten sie jedenfalls nicht.[474]

Auf der anderen Seite waren die beiden Augustinerchorherrenstifte selbst Gegenstand von Visitationen. Nach den Statuten der Kongregation hatten diese alle zwei Jahre durch zwei Visitatoren zu erfolgen.[475] Mit großer Wahrscheinlichkeit werden die Visitationen Bordesholms und Segebergs vornehmlich durch die Reformgruppe um Frenswegen bei Nordhorn, Böddeken und Möllenbeck, welche sich auch um die Reformeinführung und -durchsetzung in den holsteinischen Stiften bemüht hatte, erfolgt sein.[476] Einziger Beleg einer Visitation Bordesholms ist lediglich ein Visitationsbericht der Prioren Antonius von Möllenbeck und Stephan von Wittenburg für Bordesholm aus dem Jahre 1508. Neben dem Kloster Möllenbeck visitierte hier ein weiteres niedersächsisches Kloster den Konvent, waren folglich die drei Konvente der Reformgruppe nicht ausschließlich für die nördlichsten Klöster der Kongregation zuständig.[477] Die beiden Prioren bezeichneten sich in ihrem Bericht als *auctoritate venerabilis capituli ad hoc singulariter deputati visitatores*.[478] Sie blieben fünf Tage und nahmen bei der Visitation auch säumige Beiträge des Bordesholmer Klosters für die Kongregation entgegen.[479]

Mehr Quellen als über ihre überregionalen Verbindungen liegen für das regionale Engagement beider Augustinerchorherrenstifte vor. Besonders bezeichnend für ihre reformerische Strahlkraft in der Umgebung sind dabei ihre Aufsichtsrechte über die Konvente der Schwestern vom gemeinsamen Leben in Lübeck, Plön, Neumünster und wohl auch in Neustadt. Grundsätzlich lag es in der Herkunft der Windesheimer Kongregation aus der Laienbewegung der Devotio Moderna begründet, dass ihre Mitgliedsklöster häufig die geistliche Aufsicht über diese aus der gleichen Frömmigkeitsbewegung erwachsenen Schwesternhäuser übernahmen, welche ebenfalls nach der Augustinusregel lebten.[480] Die erste Verleihung eines solchen Rechts an das Kloster Segeberg nahm der Lübecker Bischof Arnold Westphal im Jahre 1463 vor, als er den Konvent von St. Michael in Lübeck der Ordnung der Augustinusregel und der Kon-

---

474 Busch, ed. Grube I 36, 499: Pater iste [Albert Wiltinck] etiam sollicitus est pro aliis monasteriis ordinis nostri reformandis, videlicet in Borsholme et in Ebelholt, de quibus suo loco dicetur.
475 Hofmeister, Verfassung der Windesheimer Augustinerchorherren-Kongregation, 221-223.
476 Vgl. Kap. 3.2.1, 31-33.
477 Visitationsberichte, ed. Finke 1, 240f. Lesser, Johannes Busch, 265f. Anm. 31, betont die Seltenheit Windesheimischer Visitationsprotokolle und nennt als einziges Beispiel lediglich den kaum als Visitationsprotokoll zu bezeichnenden Ankunftsbericht Andreas Laers in Bordesholm (Monumenta, ed. Westphalen II 282, 303f.; vgl. Kap. 4.3.1, 83), den Lesser fälschlicherweise als Prior von Böddeken bezeichnet. Überregional scheinen die drei in Zusammenhang mit Bordesholm stehenden Visitationsberichte (vgl. Kap. 1.2, 12 Anm. 18) in der Forschung also bislang kaum Beachtung gefunden zu haben; vgl. grundlegend zur Quellengattung der Visitationsberichte Helmrath, Visitationsberichte als Geschichtsquellen; vgl. Kap. 4.3, 79f.
478 Visitationsberichte, ed. Finke 1, 240.
479 Ebd., 241: Tenentur vero in debitis circa ducentas marcas lubicenses. Stetimus autem in eadem domo visitationis gratia usque in diem quintum.
480 Kohl, Windesheimer Kongregation, 102.

trolle durch den Segeberger Prior unterstellte.[481] Diese Regelung bewährte sich anscheinend, denn die Tochtergründung der Lübecker Schwestern in Plön wurde durch Bischof Albert Krummendiek ebenfalls der Segeberger Kontrolle anvertraut[482] und mit großer Wahrscheinlichkeit lebten auch die Neustädter Schwestern unter Segeberger Aufsichtsrechten.[483] Zu den Rechten des Segeberger Priors gehörten dabei neben dem Visitationsrecht die Bestätigung der Wahl der Mater und die Kontrolle ihrer jährlich abzulegenden Rechenschaft.[484] Auch der Bordesholmer Prior verfügte über Aufsichtsrechte über ein Schwesternhaus, nämlich über die Tochtergründung Plöns in Neumünster, welche auf Grund und Boden des Bordesholmer Stifts lag.[485] In Ausübung der gleichen Rechte wie des Segeberger Priors[486] visitierte der Bordesholmer Prior Bernhard von Aernhem auch 1523 den Neumünsteraner Schwesternkonvent und schrieb einen Visitationsbericht, der sich erhalten hat.[487] In diesem stellte er dem Konvent insgesamt ein gutes Zeugnis aus und kritisierte lediglich die herrische Art der Mater und das Brechen des Schweigegelübdes durch die Schwestern, wofür er Buße verlangte.[488] Neben den Aufsichtsrechten pflegten die beiden Augustinerchorherrenstifte auch wirtschaftliche Beziehungen zu den Schwesternhäusern, so handelte der Bordesholmer Konvent mit den Schwestern in Plön und bot insbesondere dem Neumünsteraner Konvent materiellen Rückhalt.[489]

Mit Cismar zusammen scheinen Segeberg und später auch Bordesholm zudem eine über die Ordensgrenzen hinausgehende Reformelite des Landes gebildet zu haben. Schon 1467 hatten die beiden einzigen reformierten Klöster des Untersuchungsraumes zu diesem Zeitpunkt, Cismar und Segeberg, deren Reformen ja beide auf die Initiative des Lübecker Bischofs Nikolaus Sachow zurückgingen, einen Bruderschaftsvertrag geschlossen.[490] Dieser Vertrag sah für beide die gleichen Rechte vor und kam sicher-

---

481 LUB X 390, 413-416. Obwohl den Schwestern durch den Legaten Raimundus Peraudi die freie Wahl eines Visitators gestattet wurde, ist der Segeberger in dieser Rolle noch 1507 belegt: Memorienbuch, ed. Feismann, 38; vgl. Wurm, Gründung des Michaeliskonvents, 45-48.
482 Urkunden, ed. Freytag 3, 88-90, weitgehend wortgleich mit LUB X 390, 413-416; vgl. auch Freytag, Plöner Konvent, 19f.
483 Dafür gibt es keinen Quellennachweis, jedoch war Segeberg das einzige Augustinerchorherrenstift in der Diözese, welches zudem die gleichen Rechte schon über andere Schwesternkonvente ausübte, vgl. Hennings, Seghenberch, 406.
484 Vgl. u.a. Freytag, Plöner Konvent, 23, 27; Rehm, Schwestern vom gemeinsamen Leben, 121f.
485 Urkunden, ed. Freytag 15, 103f.
486 Vgl. den Urkundenentwurf bei Urkunden, ed. Freytag 16, 104-107/Monumenta, ed. Westphalen II 451, 555f., mit welchem der Bordesholmer Konvent weiterreichende Rechte über die Neumünsteraner Schwestern erlangen wollte; vgl. dazu auch Kap. 3.3.2.2, 52.
487 Visitationsberichte, ed. Finke 2, 241-243.
488 Ebd. Ab 1553 musste sich der Bordesholmer Prior auch mit Vorwürfen einer schlechten Lebensweise im Schwesternkonvent auseinandersetzen, die ihm die Königinwitwe Sophie von Dänemark in mehreren Briefen machte: Monumenta, ed. Westphalen II 440, 535f./443, 545f./444, 546-548.
489 Rehm, Schwestern vom gemeinsamen Leben, 44; Finke, Geschichte, 186f.; Lütjohann, Alt-Neumünster, 45f. Ein Zeugnis für die engen Bindungen zum Bordesholmer Konvent sind auch Briefe der Neumünsteraner Schwestern an den Klostervorstand von Bordesholm, die teilweise in Urkunden, ed. Falck, 903-908, ediert sind.
490 LASH Urk.-Abt. 115, Nr. 51, zit. nach Grabkowsky, Cismar, 66.

lich aufgrund der Reformorientierung beider Konvente zustande. 1490 nahm dann der ordensfremde Abt Heinrich von Cismar am *actus reformationis* in Bordesholm teil und lernte dort den neuen Prior Andreas Laer kennen,[491] welchen er nur ein Jahr später in der Preetzer Reformkommission wiedertraf, in der nun Laer die Rolle des Ordensfremden zukam. Eine zweite Reformkommission, zu der dann auch der Segeberger Prior hätte gehören sollen, kam nicht zustande.[492]

Diese Beobachtungen zeigen, dass die beiden Prioren der Augustinerchorherrenstifte, wenn sie auch kaum überregionale Bedeutung genossen, zumindest zur geistlichen Elite des Landes gehörten und hier auch als Reformspezialisten wahrgenommen wurden. Dies steigerte die Attraktivität der Konvente. Zumindest in Bordesholm, wo entsprechende Quellen vorliegen, stieg die Zahl der Chorherren von 15 bei der Reformeinführung im Jahre 1490 auf 28 plus einen Prior bei der Visitation von 1508 und hatte sich damit fast verdoppelt.[493]

4.2.2 Cismar: Reformen in Preetz und Dänemark

Ähnliches gilt für Cismar: Auch wenn sich hier die Beobachtung einer Zunahme der Mönche auf nicht so exakte Quellen stützt wie bei Bordesholm, ist dennoch davon auszugehen, dass die Zahl der Klosterinsassen nach dem Reformanschluss zumindest leicht anstieg. Während zu Beginn des 14. Jahrhunderts in verschiedenen Urkunden neben Abt und Prior 14 bis 17 Mönche genannt wurden,[494] führte ein Jubelablass von 1502 außer Abt und Prior 21 Mönche auf.[495] Betrachtet man die Bedeutung Cismars im Untersuchungsgebiet, so ist nicht nur auf die Bildung einer regionalen Reformelite mit den Augustinerchorherrenstiften Segeberg und Bordesholm zu verweisen, sondern auch die besondere Bedeutung Cismars für das Benediktinerinnenkloster Preetz und seine Reform zu betonen. Schon zuvor war Cismar als einziges Benediktinerkloster der Lübecker Diözese übergeordnete geistliche Instanz für den Frauenkonvent gewesen. Davon zeugt unter anderem, dass neben dem Lübecker Bischof der Cismarer Abt bei der Amtseinführung Anna von Buchwalds am 18.2.1486 zugegen war und dem Konvent auf Bitten der Priörin liturgische Erleichterungen gestattete.[496] Beim Besuch der Reformkommission in Preetz wurden diese Beziehungen noch einmal intensiviert und die Rolle des reformierten Cismarer Abtes als Wächter des regularen Lebens in Preetz betont. Der Hauptinhalt der Reformbestimmungen ist aber nicht nur in der Unterordnung unter den Cismarer Abt zu sehen, sondern der Cismarer Konvent stellte auch den neuen Propst, nachdem Preetz über zwei Jahrhunderte keinen Propst mehr aus der Ordensgeistlichkeit gehabt hatte.[497] Auch wenn dieser in seiner Funktion nicht

---

491 Monumenta, ed. Westphalen II 389, 475f.
492 Vgl. Kap. 3.3.2.2, 51.
493 Monumenta, ed. Westphalen II 282, 303f.; Visitationsberichte, ed. Finke 1, 241.
494 Vgl. Grabkowsky, Cismar, 56.
495 LASH Urk.-Abt. 7, Nr. 327, zit. nach ebd. Ein Hinweis auf eine gestiegene Attraktivität des Klosters durch die Reform ist auch die wahrscheinliche Zunahme adliger Spenden, vgl. Kap. 4.3.2, 87.
496 Diplomatar, ed. Jessien, 399; vgl. Rosenplänter, Preetz, 153f.
497 Ebd., 135, 198.

reüssierte,[498] blieb der Kontakt zwischen Abt und Priörin im darauffolgenden Jahr 1492 intensiv. Mindestens zweimal besuchte der Cismarer Abt in dieser Zeit das Preetzer Kloster.[499]

Auch überregional gingen von Cismar reformerische Impulse aus. Insbesondere für Dänemark hatte der Holsteiner Konvent eine große Bedeutung. Schon die Inkorporation des dänischen Klosters Vore (Oratorium Dacie) geschah auf Vermittlung des Cismarer Abtes Heinrich von Minden, indem er 1488 den Prior Vores zum Generalkapitel mitbrachte und dieser dort, ausgestattet mit Briefen des dänischen Königs und des Bischofs von Århus, um Aufnahme in die Kongregation bat.[500] Die Aufnahme wurde gewährt und Cismar, seiner Rolle als Reformkloster entsprechend, mit der Verhandlung der Einzelheiten beauftragt.[501] Auf Wunsch des dänischen Königs sollte vier Jahre später auch das Kathedralkloster in Odense in die Bursfelder Kongregation aufgenommen werden und wieder wurde dem Cismarer Abt eine entscheidende Rolle im Anschlussprozess zugedacht.[502] Während die dauerhafte Inkorporation des Kathedralklosters wohl scheiterte, nahm Vore bis 1512 regelmäßig an den Generalkapiteln teil.[503] Als Reformkloster Vores übernahm Cismar auch die Hauptverantwortung für die dortigen Visitationen. Mindestens 13mal war der Cismarer Abt nachweislich Visitator Vores, während er für andere Klöster kaum diese Aufgabe übernahm.[504] Zu dem Visitationsnetzwerk um Cismar und Vore gehörte als drittes Kloster noch das 1482 inkorporierte Oldenstadt. Zum einen begleitete der Abt von Oldenstadt den Cismarer zehnmal bei der Visitation Vores, zum anderen trat er siebenmal als Visitator Cismars auf.[505] Auch mit der Reform des Kathedralklosters war neben dem Cismarer der Oldenstädter Abt beauftragt worden.[506] Oldenstadt war kein Glied der Reformkette Cismar-Vore, seine Einbeziehung in das Netzwerk geschah sicherlich vor allem aufgrund seiner im Vergleich nördlichen Lage, welche insbesondere die Reisen nach Dänemark erleichterte.

Auch Cismar selbst stand in keiner durch seine Reform begründeten Visitationstradition, was in der frühen Reformeinführung durch die Bursfelder Abtei selbst be-

---

498 Hermann Kolpin trat am 13.12.1492 von seinem Posten zurück: Rosenplänter, Preetz, 137.
499 Ebd., 136f.
500 Generalkapitels-Rezesse, ed. Volk I, 233: Deinde venerab. pr. dns. Cismariensis obtulit quendam virum religiosum fratrem Laurencium priorem Oratorii, qui presentatis literis petitoriis serenissimi principis domini regis regnorum Dacie, Norwegie, Suecie etc. nec non reverendissimi patris et domini Eylerii episcopi Arusiensis diocesis cum literis unionis et credencie abbatis et conventus sui.
501 Ebd.
502 Ebd. I, 257: Deinde lecta fuit littera illustrissimi principis regis Dacie, qua desideravit recipi et uniri monasterium Ottoniense regnis sui, pro cuius desiderio explendo commissum est venerandis patribus dnis. abbatibus Cismariensi et Oldenstadensi.
503 Ebd. I, 421.
504 Ebd. I, passim. Im Jahre 1460, in der Anfangszeit der Kongregation, war der Cismarer Abt mit dem Abt von Berge einmalig Visitator von Bursfelde, Rheinhausen und in Hildesheim, im Jahre 1530 von Oldenstadt: ebd. I, 105, 542; vgl. Volk, Register, 21; vgl. zu den Visitationen die Vorschriften in den Caeremoniae Bursfeldenses, ed. Albert, 197-203.
505 Generalkapitels-Rezesse, ed. Volk I, passim; vgl. Volk, Register, 21.
506 Vgl. Anm. 501.

gründet lag. So wechselten die Visitatoren Cismars phasenweise.[507] Auffällig ist allerdings, dass außer dem später inkorporierten Oldenstadt vor allem Gründungsabteien oder früh inkorporierte Abteien die Visitationen übernahmen, so vor allem Clus, die Hildesheimer Klöster, Bremen und auch Bursfelde. Diese gehörten zudem allesamt nicht zur Zirkarie Cismars, sondern zur Zirkarie *Saxoniae*. Eventuell ist hierbei an die Aufrechterhaltung eines gewissen inneren „Gründungszirkels" zu denken, für den es jedoch keine weiteren Belege gibt. Eine Visitation durch Klöster der südlichen Zirkarie *Renensi* fand gar nicht statt, was zumindest eine klare Nord-Süd-Gliederung der Kongregation in Bezug auf Cismar belegt.

Während die meisten anderen zu einem ähnlich frühen Zeitpunkt wie Cismar inkorporierten Abteien leitende Funktion in der Bursfelder Kongregation übernahmen und reformierend als Multiplikatoren dienten, war Cismars Reformwirkung eher gering. Sie war aber mit den Reformen in Preetz und Vore, für deren Konvente Cismar auch nach dem Akt der Reformeinführung präsent war, durchaus vorhanden. Vor allem wird die Begründung für die relativ geringe Bedeutung Cismars in der Kongregation in der abgeschiedenen Lage des Konvents zu suchen sein, doch zeigt das aktive Wirken Abt Heinrichs von Minden, dass dies allein keine hinreichende Erklärung darstellt, der Rang Cismars also auch von seinen Äbten und anderen Faktoren bestimmt war.

4.3 Die innerklösterliche Umsetzung der Reformen

Die Bedeutung, die ein reformiertes Kloster in seiner Kongregation, in seiner Region und für andere Klöster gewinnen konnte, hing auch von seinem inneren Zustand ab und damit von der Umsetzung der Reformbestimmungen im Konvent selbst. Auf die Quellenproblematik, die sich ergibt, wenn man den Blick auf das Klosterinnere lenkt, ist bereits verwiesen worden.[508] Um ihr in der vorliegenden Arbeit zu begegnen, wird die Reformumsetzung in den drei Männerkonventen nicht im kompletten Quellenmaterial untersucht, sondern in den beiden folgenden Kapiteln dienen zwei ausgewählte Zeugnisse innermonastischen Schriftguts einer exemplarischen Darstellung. Zuvor jedoch soll mit der seltenen Quelle eines Visitationsberichts von außen auf den inneren Zustand geblickt werden. Ermöglicht wird dieser Blick durch das Protokoll der Visitatoren von Möllenbeck und Wittenburg für das Bordesholmer Kloster aus dem Jahr 1508.[509] In ihm stellten die Visitatoren dem Prior und dem Konvent ein Zeugnis aus, indem sie die ihnen verbesserungswürdig erscheinenden Fehltritte aufführten und schilderten, welche Ratschläge sie erteilt, welche Bußen sie dem oder den Verantwortlichen auferlegt hatten. So wurde der Prior Bordesholms von den Visitatoren als um das reguläre Leben und die Erfüllung der Temporalien bemüht, jedoch als zu nachläs-

---

507 Die durchgängige Visitation durch ein bestimmtes Kloster ist vor allem im 16. Jahrhundert zu beobachten: Generalkapitels-Rezesse, ed. Volk I, passim; vgl. Volk, Register, 21.
508 Vgl. Kap. 4, 67.
509 Visitationsberichte, ed. Finke 1, 240f.

sig gegenüber aufsässigen Brüdern geschildert.⁵¹⁰ Letztere wiederum charakterisierten die Prioren von Möllenbeck und Wittenburg durch Beobachtungen und Gespräche wie folgt:

> De fratribus vero audivimus, quod multi eorum silencium male servant, aliqui, dei timoris obliti, cum irreverencia prelato rebellisant et ad faciem contradicunt, et etiam aliqui in divino officio levi occasione voces subtrahunt,⁵¹¹

bevor sie ihnen Maßnahmen zur Besserung vorgaben. Nachdem die beiden auswärtigen Prioren abschließend die Zahl der Klosterinsassen und die Zahlungen des Konvents an die Kongregation aufgeführt hatten, wurde der Visitationsbericht, von dem ein Exemplar im visitierten Kloster Bordesholm verblieb, von den Visitatoren besiegelt und gewann damit Rechtscharakter.⁵¹²

War der Konvent trotz dieser Kritik reformiert? Nach der zusammenfassenden Aussage der Visitatoren wird man davon ausgehen müssen: *Invenimus congregationem in Christo nobis complacentem.*⁵¹³ Ihr Urteil verweist auf die Relativität des reformierten Status: Um als reformiert zu gelten, mussten nicht alle Reformbestimmungen umgesetzt sein – und waren es auch nicht. So tat es beispielsweise dem reformierten Status Cismars keinen Abbruch, dass sogar das grundlegende Armutsgebot 1505 nachweislich verletzt wurde, denn der Konvent wurde weiterhin mit Visitationen vom Generalkapitel betraut, was die Aufrechterhaltung der Anerkennung als Reformkloster durch die Kongregation belegt.⁵¹⁴

4.3.1 Die Bordesholmer Professurkunden als Ausdruck einer verinnerlichten Reform

Als seltene und kostbare Belege gelebten mittelalterlichen Mönchtums haben sich aus dem Bordesholmer Klosterarchiv 15 Professurkunden erhalten, die nicht nur vom Akt der Mönchwerdung, sondern auch von der Umsetzung der Windesheimer Reformbestimmungen im Konvent zeugen.⁵¹⁵

Grundsätzlich hielt der zukünftige Mönch in einer Professurkunde sein Gelübde, nach den Satzungen seines Klosters und damit allgemein nach den drei Evangelischen

---

510 Visitationsberichte, ed. Finke 1, 240: Inprimis invenimus venerabilem priorem in regulari vita bene solicitum et temporalium cure competenter inservientem, sed in correctione et emendatione suorum subditorum satis negligentem.
511 Ebd., 240f.
512 Ebd., 241.
513 Ebd., 240.
514 Vgl. Grabkowsky, Cismar, 58.
515 Da dieser Bestand bisher keine eingehendere Würdigung erfahren hat – bisher nur Bünz, Zwischen Kanonikerreform und Reformation, 57-60; Finke, Geschichte, 166f. (fehlerhaft) – soll er hier ausführlicher vorgestellt werden, als es zur Illustration der Reformumsetzung nötig wäre, vgl. auch Loer, Lebensentscheidung Mönch; zur umstrittenen Bezeichnung „Professurkunden" vgl. Machilek, Profeßzettel, 330f.; zum Zusammenhang von Professurkunden und Klosterreform vgl. Bünz, Profeßurkunden aus Benediktbeuern; ders., Bursfelder Gewohnheiten in Münsterschwarzach und Theres.

Räten der Armut, Keuschheit und des Gehorsams zu leben, schriftlich fest.[516] So wurde aus dem rein religiösen Versprechen ein Rechtsakt, der unwiderruflich war und nur durch einen päpstlichen Dispens rückgängig gemacht werden konnte.[517]

Der exakte Wortlaut des Gelübdes richtete sich nach den Statuten des jeweiligen Klosters und konnte daher sogar bei Klöstern innerhalb eines Ordens voneinander abweichen.[518] Da ein Kloster mit dem Anschluss an eine Reformkongregation deren verbindliche Statuten übernahm, änderte sich auch die Professformel im inkorporierten Kloster: Alle Novizen legten nun ihr Gelübde nach der in den Stauten vorgegebenen, einheitlichen Professformel ab. So gelobte auch der Bordesholmer Bruder Dericus Verwer, welcher nach der Reformeinführung im Jahre 1490 in den Konvent eintrat, seine Profess nach der Formel der Windesheimer Kongregation:

> Ego frater Dericus Verwer promitto deo auxiliante perpetuam continentiam, carentiam proprii et obedientiam tibi pater pater prior et successoribus tuis canonice instituendis secundum regulam beati Augustini et secundum constitutiones capittuli nostri generalis.[519]

Insgesamt befinden sich im Bordesholmer Klosterarchiv neun Professurkunden mit dieser windesheimischen Formel, die damit allesamt nach der Inkorporation, also nach 1490, entstanden sein müssen.[520] Doch finden sich auch sechs Professurkunden aus der unreformierten Zeit des Konvents.[521] Sie lauten wie die des Bruders Nicolaus Ratke, der dem Konvent somit vor 1490 beitrat:

> Ego frater Nicolaus Ratke promitto deo auxiliante perpetuam continentiam, carentiam proprii et obedientiam tibi pater preposite et successoribus tuis canonice instituendis secundum regulam beati Augustini et secundum constitutiones nostras.[522]

Hier lautete die Amtsbezeichnung des Klostervorstandes noch „Propst", welche dann mit der Inkorporation in die demütigere eines „Priors" geändert wurde.[523] Als zweiten Unterschied berief man sich folgerichtig noch nicht auf die Beschlüsse des Generalkapitels, sondern auf die eigenen Gewohnheiten.

Der parallele Bestand von Professurkunden aus der unreformierten und aus der reformierten Zeit des Bordesholmer Klosters verdeutlicht die erfolgte Umsetzung der Windesheimer Statuten und illustriert darüber hinaus beispielhaft die daraus resultierenden Veränderungen im alltäglichen monastischen Leben. Dieser Bestand ist umso wertvoller, wenn man bedenkt, dass sich insgesamt nur sehr wenige mittelalterliche

---

516 Vorbildhaft für die Ausgestaltung der Profess wurde die Aufnahmeordnung der Benediktregel (RB 58), welche auch die urkundliche Niederlegung des Gelübdes, die petitio, forderte; vgl. zur Mönchsprofess allgemein die umfassende Untersuchung Lutterbachs, Monachus factus est.
517 Vgl. zur Rechtswirkung der Profess ebd., 145f.; Bünz, Profeßurkunden aus Benediktbeuern, 106f. mit weiterer Literatur.
518 Machilek, Profeßzettel, 328f.
519 LASH Urk.-Abt. 116, Nr. 211 (Dericus Verwer); vgl. Abb. 3; vgl. Vetus disciplina 1, ed. Amort, 576f.
520 LASH Urk.-Abt. 116, Nr. 211.
521 Ebd., Nr. 210.
522 Ebd. (Nicolaus Ratke); der Nachname wurde später eingefügt, vgl. Abb. 1.
523 Hofmeister, Verfassung der Windesheimer Augustinerchorherren-Kongregation, 238.

Professurkunden erhalten haben, obwohl ein jeder Novize sie eigenhändig anzufertigen hatte.[524]

Die durch die Windesheimer Reform bedingte Änderung der Professurkunden lässt sich zudem bei den Bordesholmer Exemplaren nicht nur an der neuen Professformel festmachen, sondern auch an der äußeren Gestaltung der Urkunden. Während die Urkunden aus der unreformierten Zeit kleinformatig und schmucklos sind und nur bei einigen Exemplaren einfache Initialen und Verzierungen rubriziert sind,[525] zeichnen sich ihre Nachfolger durch ihr großes Format, ihre regelmäßige Schrift und ihre künstlerische, mehrfarbige Gestaltung aus:[526] Bei Letzteren finden sich durchgängig eine große, meist aufwendige Initiale und eine ebensolche Zirkelrosette, wobei letztere unter den Text gesetzt ist. Die Zirkelrosette ziert in einfacherer Ausführung auch schon drei der vor der Reform verfassten Urkunden und scheint daher wahrscheinlich einer älteren Tradition im Konvent zu entstammen.[527] Statt einer Unterschrift diente die Zirkelrosette zur Bekräftigung der Urkunde.[528] Sie vereinigt in sich das Kreuz als Symbol des Leidens Christi und die Rose als Symbol für die Jungfrau Maria, die auch Patronin des Bordesholmer Klosters war.[529] Diese Bedeutung unterstreichend trugen die zwei Profitenten Jodocus Zegeler und Dericus Verwer auch die Namen Jesus und Maria in die Felder der Zirkelrosette ein, Letzterer ergänzte sie zudem um die Namen Augustinus und Anna.[530] Zegeler, Verwer und Bernhardus Aernhem verzierten ihre Professurkunden zudem auch mit Bibelversen, welche sie um die Zirkelrosette herumgruppierten. Aernhem setzte darüber hinaus hinter drei seiner vier Bibelzitate ein andersfarbiges *suscipe me* und verwies damit auf den Professritus, zu welchem schon bei Benedikt von Nursia der dreimalige Gesang dieses Psalmverses gehörte.[531] Die kunst-

---

524 Zur allgemeinen Überlieferungssituation von Professurkunden vgl. Bünz, Profeßurkunden aus Benediktbeuern, 308-311; Machilek, Profeßzettel, 331.
525 LASH Urk.-Abt. 116, Nr. 210 (Albertus Pren); ebd. (Nicolaus Ratke) (vgl. Abb. 1).
526 Ebd., Nr. 211; vgl. Bünz, Zwischen Kanonikerreform und Reformation, 60; Finke, Geschichte, 166f., welcher als verwendete Farben blau, rot und braun nennt, welche um grün, grau und gelb zu ergänzen sind.
527 LASH Urk.-Abt. 116, Nr. 210 (Nicolaus Arndes); ebd. (Nicolaus Ratke) (in rot über den Text eingefügt; vgl. Abb. 1); ebd. (Johannes Wulff). Ob die Zirkelrosette einer spezifischen Bordesholmer Tradition entsprang, bleibt vorläufig fraglich, auch die Kongruenz zwischen der Bedeutung der Zirkelrosette und dem Patronat des Klosters stellt natürlich keinen sicheren Beleg dar. Klassisches signum war ein unter den Text gesetztes Kreuz, daneben gibt es aber auch Belege für persönliche Zeichen der Profitenten, vgl. Bünz, Profeßurkunden aus Benediktbeuern, 332; Machilek, Profeßzettel, 327.
528 Vgl. RB 58, 20.
529 Die Zirkelrosette könnte daher ein gewisser Ersatz für die Nennung der Klosterpatrone, wie sie bei anderen Professformularen üblich war, gewesen sein, vgl. zur Nennung der Klosterpatrone in einer Professurkunde Bünz, Profeßurkunden aus Benediktbeuern, 330.
530 LASH Urk.-Abt. 116, Nr. 211 (Dericus Verwer) (vgl. Abb. 3); ebd. (Jodocus Zegeler) (vgl. Loer, Lebensentscheidung Mönch, 175 Abb. 149). Finke, Geschichte, 167, liest fälschlicherweise Agnes.
531 RB 58, 51f. (Ps 119, 116). Die Bibelzitate um die Rosette bei LASH Urk.-Abt. 116, Nr. 211 (Bernhardus Aernhem): Novete (inquit) et Reddite (Mt 19,17)/Voluntarie sattificabo tibi (Ps 53, 8)/Reddam, tibi vota mea. que distinxerunt labia mea (Ps 65, 13)/Fili mi. prebe michi cor tuum (Spr 23, 26), vgl. Abb. 2.

vollen Ausfertigungen der Bordesholmer Professurkunden des neuen Ritus illustrieren, dass die Betonung der Schreibkunst, die in Windesheim gepflegt wurde, auch im Bordesholmer Stift ihre Rezeption fand. Die Verinnerlichung der Reform bestand also nicht nur in der Änderung des Professtextes, sondern reichte tiefer in den Alltag der Mönche hinein.

Auch über einen etwaigen Akt der Archivierung des Bordesholmer Professurkundenbestands als Folge der Windesheimer Reform lässt sich spekulieren. Ein Abgleich der sechs Profitenten nach altem Ritus mit den Namen der Mönche, die der erste Bordesholmer Prior Andreas Laer bei seiner Ankunft 1490 im Konvent vorfand, ergibt, dass vier der Professurkunden sicher von Mönchen stammten, die zu diesem Zeitpunkt noch lebten, und auch bei den beiden übrigen ist dies möglich.[532] Die vorwindesheimischen Professurkunden scheinen also in relativ zeitlicher Nähe zur Reformeinführung von 1490 abgelegt worden zu sein, was sicherlich allgemein durch die grundsätzlich bessere Überlieferung jüngeren Schriftguts erklärbar, aber dennoch auffällig ist, auch wenn man nicht zwingend davon ausgehen kann, dass dem im Vergleich zu den Mönchszahlen in Bordesholm doch kleinen Bestand eine bewusste Selektion zugrunde lag.[533] Für eine eventuelle Selektion könnte jedoch auch sprechen, dass sich im Bestand die Professurkunden von dreien der insgesamt vier Nachfolger Laers im Priorenamt finden lassen. Schon der erste Amtsnachfolger Laers, Albert Pren (1490-1501), wurde nicht von außen berufen, sondern entstammte dem Konvent selbst und war nach Ausweis seiner Professurkunde schon vor der Reform in das Bordesholmer Stift eingetreten.[534] Bei seinem Nachfolger Bernhardus Aernhem (1516-1570) ist aufgrund seines Namens an eine Herkunft aus dem windesheimischen Kloster Mariënborn bei Arnheim in den Niederlanden zu denken.[535] Seine Professurkunde, die als eine der wenigen Bordesholmer Exemplare eine Datierung aufweist, stammt aus dem Jahre 1496.[536] Vermutlich trat Aernhem bereits als Novize in den Bordesholmer Konvent ein und legte dort seine Profess ab. Möglich, aber unwahrscheinlicher, wäre es auch, dass er, nachdem er in Mariënborn zum Prior in Bordesholm berufen worden war, seine dort verfasste Professurkunde nach Bordesholm mitbrachte, wobei dann auch in Mariënborn das *signum* der Rosette verbreitet gewesen sein müsste. Beides

---

532 LASH Urk.-Abt. 116, Nr. 210/Monumenta, ed. Westphalen II 282, 303f. (Bericht Laers): Nicolaus Bars/Nicolaum Barss (vgl. Loer, Lebensentscheidung Mönch, 172 Abb. 146); Albertus Pren/Albertum Preen, custodem, Nicolaus Ratke/Nicolaum Ratche, Johannes Wulff/Johannem Wulff. Bei den anderen beiden Professurkunden, LASH Urk.-Abt. 116, Nr. 210 (Johannes), ebd. (Nicolaus Arndes), ist eine eindeutige Identifizierung aufgrund des fehlenden Nachnamens in der Professurkunde oder im Bericht Laers nicht möglich, doch nennt der Bericht Laers (Monumenta, ed. Westphalen II 282, 304) mehrere Mönche mit dem Vornamen Johannes (Reborch, Meyer, Rover und Stinckt) und auch einen Nicolaus Plebanus in Kyle, mit dem Nicolaus Arndes gemeint sein könnte.
533 Auch der Bestand der Professurkunden aus Benediktbeuern, den Bünz, Proßurkunden aus Benediktbeuern, 324, untersucht, setzt mit Einführung der Melker Klosterreform ein, worin Bünz, a.a.O., tatsächlich eine Reformkonsequenz sieht, nämlich das Erinnern „grundlegende[r] Praktiken monastischen Lebens".
534 LASH Urk.-Abt. 116, Nr. 210 (Albert Pren).
535 Ebd., Nr. 211 (Bernhardus Aernhem); vgl. Abb. 2; vgl. Weiler/Geirnaert, Aernhem.
536 LASH Urk.-Abt. 116, Nr. 211 (Bernhardus Aernhem): Anno 1496 (vgl. Abb. 2).

deutet jedoch auf personellen Austausch zwischen zwei windesheimischen Klöstern hin. Auffällig ist zudem, dass die Professurkunde Dericus Verwers in das gleiche Jahr wie die Aernhems datiert und auch in der äußeren Gestaltung der des späteren Priors verblüffend gleicht.[537] Ob Verwer daher ebenfalls aus Mariënborn bei Arnheim stammte, kann jedoch nur spekuliert werden. Dritter Nachfolger Laers wurde der frühere Mühlenmeister auf der Klostermühle zu Neumünster, Nicolaus Olde, dessen Professurkunde eine außergewöhnliche rot-grün-gelbe Initiale aufweist.[538]

Neben den drei Prioren sind auch weitere Bordesholmer Profitenten aus anderen Zusammenhängen bekannt. Der Berühmteste von ihnen ist sicherlich Wylhelmus Praest,[539] der sich als Pfarrer in Kiel während der Reformationswirren brieflich mit Martin Luther anlegte, woraufhin das Bordesholmer Kloster zur Aufgabe des Patronatrechts in Kiel gezwungen wurde.[540] Andere Konventsmitglieder hingegen sind vornehmlich durch ihre Professurkunden bekannt, so auch Jodocus Zegeler.[541] Über ihn weiß man dennoch mehr als seinen Namen, da er selbst auf seiner Professurkunde neben einer genauen Datierung festhielt, sieben Jahre den Dienst des Custos versehen zu haben. Dies ist erstaunlich, da diese Angabe nicht wie ein späterer Einschub wirkt und Zegeler bei der Ausfertigung der Professurkunde ja am Beginn seiner monastischen Laufbahn hätte stehen müssen.[542] Eventuell ist hier an eine nachträgliche Ausfertigung der prachtvollen Urkunde zu denken. Eine weitere besondere Professurkunde ist die des Fraters Johan Vroewyn, welche auf niederdeutsch abgefasst ist, weswegen es sich daher bei Vroewyn um einen dem Lateinischen nicht mächtigen Laienbruder gehandelt haben könnte:[543]

> Ick broder johan vroewyn laue mit der hulpe ghades ewighe kuysheyt, nicht eyghens to hebbende, horsam tho wesende, dy pater unde dinen nacomelinghen, unde dem ghemeyne cappittel van wyndesem, unde trouwe to wesende dissem ghades huse na insettinghe des ghemene capittels.[544]

Als nichtwörtliche Übersetzung des lateinischen Textes nennt dieser niederdeutsche Professtext im Gegensatz zur lateinischen Formel den Ort des Generalkapitels, nämlich Windesheim. Interessant ist auch, dass der Klostervorstand nur mit „Pater" ange-

---

537 LASH Urk.-Abt. 116, Nr. 211 (Dericus Verwer): Anno domini 1496 (vgl. Abb. 3). Auch bei den Professurkunden ebd. (Reynerus Alberti) und ebd. (Theodericus Keppel) ist eine erstaunliche Übereinstimmung in der äußeren Gestaltung zu beobachten.
538 Ebd. (Nicolaus Olde); vgl. zu Olde Finke, Geschichte, 203f.
539 LASH Urk.-Abt. 116, Nr. 211 (Wylhelmus Praest); seine Urkunde ist von anderer Hand auf der Rückseite auf den 25.1.1493 datiert worden, vgl. Bünz, Zwischen Kanonikerreform und Reformation, 58f. mit Abb. der Urkunde.
540 Vgl. zum genaueren Hergang dieser Auseinandersetzung Hoffmann, Spätmittelalter und Reformationszeit, 408f. mit weiterer Literatur.
541 LASH Urk.-Abt. 116, Nr. 211 (Jodocus Zegeler)
542 Ebd.: servivi fratribus in officio custodis annis IIIIIII. Feci professionem in die visitationis sanctissime virginis marie Anno 1499 [= 2. Juli]. Entgegen Finkes, Geschichte, 167, anders lautender Behauptung ist ein solcher Vermerk im Bestand der Bordesholmer Professurkunden einmalig.
543 Vgl. Finke, Geschichte, 166.
544 LASH Urk.-Abt. 116, Nr. 211 (Johan Vroewyn), vgl. Loer, Lebensentscheidung Mönch, 174 Abb. 148, jedoch mit falschem Abbildungstext „vor 1490", richtigerweise „nach 1490".

sprochen wird. Dieser Befund korrespondiert mit Belegen aus Bordesholmer Urkunden, nach welchen der Titel des „Priors" in Bordesholm sehr früh wieder zugunsten des Titels „Propst" oder einfach nur „Pater" aufgegeben wurde. Schon der erste, von außen berufene Prior Andraes Laer nannte sich 1501 wieder *prawest*[545] und selbst der Generalprior von Windesheim schrieb 1564 dem *Patri Nicolao de Olde*.[546] Obwohl also auch in Bordesholm eine Relativität des Reformstatus zu beobachten ist, belegen die Professurkunden des Konvents eindeutig eine gelebte und verinnerlichte Reform, zu der auch die Intensivierung der Schreibkunst gehörte. Diese Dokumente einer Lebensentscheidung zeugen zudem vom Entschluss für das monastische Leben – auch gemäß den strengen Bedingungen der Klosterreform.

4.3.2 Erinnerung und Reform: Der Cismarer Nekrolog

Als innermonastisches Reformzeugnis interpretierbar ist für das Untersuchungsgebiet ebenfalls der Nekrolog des Benediktinerklosters Cismar. Bis 1457 wurde dieses Stück klösterlichen Gebrauchsschriftguts unter Verwendung älterer Vorlagen von eben dem Mönch angelegt, welcher später ein Jahr das Propstamt in Preetz übernehmen sollte, Hermann Kolpin.[547] Neben einer älteren Version auf Pergament, welche zum Teil Autograph Kolpins ist, hat sich der Nekrolog auch in einer Papierhandschrift aus den ersten beiden Jahrzehnten des 16. Jahrhunderts erhalten, wo er bis ins Jahr 1547 fortgeführt wurde.[548]

Wie bereits erläutert, reicht die Datierung des Nekrologs in die reformierte Zeit des Cismarer Konvents nicht aus, um ihn als Reformschrifttum zu klassifizieren und zu rechtfertigen.[549] Es lassen sich jedoch direkte und indirekte Belege im Cismarer Nekrolog finden, die einen Kausalzusammenhang mit der Bursfelder Reform nahe legen. Als erstes anzuführen ist hier die konkrete Nennung der Reform im Nekrolog und zwar bei lobenden Namenszusätzen der dort eingetragenen Cismarer Reformer. So wurde der Lübecker Bischof Nikolaus Sachow als *promoter et inceptor reformacionis hujus monasterii*[550] bezeichnet und auch dem berühmten Bursfelder Abt Johannes Hagen wurde als *reformator hujus monasterii*[551] Anteil an der Cismarer Klosterreform zugesprochen. Ebenso wurde das Wirken des ersten Cismarer Reformabtes betont: *Domnus Gherardus Brusevitze quondam abbas hujus cenobii, bis requisitus inceptor reformationis*.[552] Diese Zitate zeigen, dass den genannten Männern ausdrücklich in Bezug auf ihr reformerisches Wirken gedacht werden sollte, dieses also für erinne-

---

545 Monumenta, ed. Westphalen II 409, 499f.
546 Ebd. II 449, 554.
547 Necrologium Cismariense, ed. Kohlmann, 372: Conpletum anno Domini 1457 quartodecimo Kal. Decembris per fratrem Hermannum Kolpin in utilitatem fratrum suorum dilectorum.
548 Necrologium Cismariense, ed. Kohlmann, 317 (letzter Eintrag vom 13. Juli).
549 Vgl. Kap. 4, 67.
550 Necrologium Cismariense, ed. Kohlmann, 351.
551 Ebd., 331; vgl. Kap. 3.3.2, 33f.
552 Necrologium Cismariense, ed. Kohlmann, 364. Ein fast wortgleicher Namenszusatz findet sich auch in der Cismarer Abtsliste: Gerardus Bruzevitze abbas bis requisitus inceptor reformationis (Series abbatum, ed. Kohlmann, 263).

rungswert erachtet wurde. Die Memoria stellte so auch einen Akt der Selbstvergewisserung im reformierten Konvent dar.

Daneben lässt auch die außergewöhnlich hohe Zahl von Äbten anderer Bursfelder Klöster, die in den Nekrolog eingetragen wurden, an eine Anfertigung desselben als Ausdruck der Reformumsetzung denken. Cismar benötigte den Nekrolog, um am dichten Netzwerk der Gebetsverbrüderung innerhalb der Bursfelder Kongregation teilnehmen zu können. Dieses Netzwerk lässt sich daran illustrieren, dass der größte Teil der im Cismarer Nekrolog verzeichneten Äbte auch in anderen Nekrologien Bursfelder Klöster erinnert wurde.[553] Cismars eigenes Abbild dieser Gebetsverbrüderung, wie es sich im Nekrolog darstellt, weist anhand der Häufigkeit der verzeichneten Äbte eines Klosters engere Beziehungen zu bestimmten Abteien auf. Während meistens ein bis zwei, in einigen Fällen drei Äbte einer Niederlassung eingetragen wurden,[554] führt der Nekrolog nur für die Konvente St. Michael in Hildesheim, Pegau und Berge vier und mehr Äbte auf.[555] Für Berge lässt sich im Nekrolog sogar die komplette Abtsfolge zwischen 1450 bis 1510 wiederfinden.[556] Die Kriterien für diese Auswahl an Klöstern, zu denen anscheinend eine intensivere Art der Gebetsverbrüderung bestand, sind nicht nachvollziehbar. Weder ihre geographische Lage noch das Datum ihrer Inkorporation verweisen auf gemeinsame Merkmale oder eine gemeinsame Beziehung zu Cismar.[557] Eine anderweitige Verbindung ist nur für den Konvent von St. Michael in Hildesheim belegt, welcher Cismar mehrmals visitierte und auf Generalkapiteln vertrat.[558] Für die beiden anderen Abteien lassen sich bis auf einen einmaligen gemeinsamen Visitationsauftrag an Berge und Cismar im Jahre 1460 keinerlei solche Beziehungen nachweisen.[559] Die Nennung dreier Cismarer Äbte in den überlieferten Nekrologen von St. Michael in Hildesheim und Pegau zeigt allerdings, dass die Gebetsverbrüderung zumindest auf einer gewissen Gegenseitigkeit beruhte.[560]

Umgekehrt fanden die Namen der Äbte der Klöster, mit denen Cismar in engem Visitationskontakt stand, nämlich Oldenstadt und Vore, kaum Eingang in den Nekrolog des holsteinischen Klosters. Während immerhin noch zwei dänische Äbte einge-

---

553 Der größte Teil der verzeichneten Äbte ist im Nekrolog von St. Michael in Hildesheim, aber auch in den Nekrologien von Huisburg und Pegau aufgeführt. Einzelne Äbte sind auch in den Nekrologen von Marienmünster, Liesborn, Abdinghof, St. Moritz zu Minden, Grafschaft und St. Michael in Lüneburg zu finden, vgl. Necrologium Cismariense, ed. Kohlmann, 275f. mit weiterführenden Literaturhinweisen.
554 Diese Eintragungen könnten unter anderem auch durch die jährliche Bekanntgabe der verstorbenen Mitglieder auf dem Generalkapitel und der Publikation dieser Listen zustande gekommen sein.
555 Necrologium Cismariense, ed. Kohlmann, 305, 307, 333 u. 360 (St. Michael in Hildesheim), 279, 316, 318, 338, 361 (Pegau), 282, 308, 315, 319, 359 (Berge).
556 Vgl. Volk, Register, 11.
557 Vgl. Karte in Volk, Register, 307. Die Abteien von Berge und St. Michael wurden bereits 1451 bzw. 1453 inkorporiert, Pegau dagegen erst 1485, was den häufigen Nennungen Pegauer Äbte eine noch größere Bedeutung verleiht.
558 Vgl. Kap. 4.1.2, 72 u. Kap. 4.2.2, 79.
559 Generalkapitels-Rezesse, ed. Volk I, 105.
560 Vgl. Series abbatum, ed. Kohlmann, 263 Anm. 5f., 264 Anm. 2 mit weiterführender Literatur.

tragen wurden,[561] wurde nur am 17. Januar einem Abt aus Oldenstadt gedacht.[562] Diese Befunde zeigen, dass sich ein reformierter Konvent anscheinend in verschiedenen Beziehungsgeflechten innerhalb der Kongregation bewegte, die nicht zwangsläufig miteinander korrespondieren mussten.

Richtet man zuletzt den Blick auf die Laien, die dem Kloster aus Gründen der Memoria Besitz vermachten, so fällt auf, dass die im Nekrolog vermerkten datierbaren Vermächtnisse vor allem in die Zeit nach der Reformierung des Konvents fallen.[563] Wie schon GRABKOWSKY betonte, lässt dies jedoch keinen Schluss auf eine Häufung der Spenden zu, sondern ist vielmehr mit dem ordnungsgemäßen Führen des Nekrologs seit seiner Neuauflage zu erklären. Nichtsdestotrotz gesteht auch GRABKOWSKY zu, dass die erfolgte monastische Reform Cismars zu einer Steigerung der Spenden geführt haben könnte.[564] Einzig für die großen Spenden einiger Adliger um die Wende zum 16. Jahrhundert erscheint als Motivation die Reformzugehörigkeit Cismars wahrscheinlich. Es handelt sich dabei um Vermächtnisse von Stiftern, die ebenfalls einen Bruderschaftsvertrag mit der Bursfelder Kongregation geschlossen hatten. Zu diesen gehörten neben Benedikt Pogwisch,[565] der zeitweise das Amt des Verbitters in Cismar innehatte und im Nekrolog als *advocatus noster*[566] und *defensor noster*[567] bezeichnet wurde, auch Katharina Reventlow und Abel und Katharina Rantzau.[568] Letztere – *notabilis benefactrix nostra*[569] – ließ dem Konvent für monatliche Seelmessen für sich, ihren Gemahl und ihr Geschlecht die stolze Summe von 1200 Mark zukommen.[570]

So illustriert der Cismarer Nekrolog letztlich nicht nur ein reformerisches Bewusstsein im Konvent selbst durch die Erinnerung der eigenen Reformgeschichte, sondern auch eine mit der Reform verbundene Memoria, die über die Klostermauern hinauswies, nämlich sowohl auf die umfassende Einbettung in die Kongregation, zu der auch das Mittel der Gebetsverbrüderung gehörte, als auch auf die Laienwelt im eigenen Umfeld, die durch Vermittlung Cismars selbst Teil der überregionalen Gebetsbrüderschaft der Kongregation wurde.

---

561 Necrologium Cismariense, ed. Kohlmann, 284, 317. Mit dem auf S. 284 genannten Abt Nikolaus ist wohl nicht Abt Nicolaus Fin, der um 1320 regierte, gemeint, wie der Editor vorschlägt, sondern der reformierte Abt Nikolaus, der dem Konvent von 1496 bis 1507 vorstand, vgl. Generalkapitels-Rezesse, ed. Volk I, 289, 374.
562 Necrologium Cismariense, ed. Kohlmann, 281.
563 Vgl. die Liste der datierbaren Stiftungen bei Grabkowsky, Cismar, 51.
564 Grabkowsky, Cismar, 51.
565 Generalkapitels-Rezesse, ed. Volk I, 285, 326; Necrologium Cismariense, ed. Kohlmann, 322, 374.
566 Ebd., 374.
567 Ebd., 322, vgl. Grabkowsky, Cismar, 70.
568 Generalkapitels-Rezesse, ed. Volk I, 326; Necrologium Cismariense, ed. Kohlmann, 364, 377 (Katharina Reventlow), 304, 377 (Abel Rantzau), 279, 376 (Katharina Rantzau). Die Generalkapitels-Rezesse, ed. Volk I, 326, verzeichnen weitere holsteinische Adlige, nämlich Gertrude Rantzau, Katharina und Anna Pogwisch und Anna Brockdorff, vgl. hierzu auch Grakowsky, Cismar, 59 Anm. 425, welche allerdings nicht Anna Brockdorff nennt.
569 Necrologium Cismariense, ed. Kohlmann, 376.
570 Ebd.

5 Schlussbetrachtung

Insgesamt befanden sich so zumindest die reformierten Männerkonvente zu Beginn der Reformationszeit in einem guten Zustand, auch wenn sie dennoch diese Zeit des landesherrlichen Zugriffs nicht „überlebten". Eine umfassende und vergleichende Untersuchung zu den Klöstern im Land und ihrer Säkularisation existiert bisher noch nicht, was sicherlich auch in der schwierigen Quellenlage begründet liegt. Dennoch wäre es interessant zu verfolgen, ob die Reformen und die überregionale Einbindung in die Kongregation, wie sie sich unter anderem im ermunternden Brief des Generalpriors von Windesheim an den von der Reformation bedrängten Bordesholmer Konvent zeigt, einen Einfluss auf den Ablauf der Auflösung hatten.[571] Auch die in der Forschung wiederholt auftauchende Behauptung, es habe außer dem Franziskaner Lütke Namens keine „überzeugten Anhänger des alten Glaubens"[572] gegeben, die sich dem Bestreben der landesherrlichen Klostersäkularisation in den Weg gestellt hätten, wäre hierbei noch einmal zu prüfen.

Für die großen Reformbewegungen von Windesheim und Bursfelde sollte mit der vorliegenden Arbeit der in der Landesgeschichte postulierte überragende Anteil der Landesherren an der Klosterreform hinterfragt werden. Zumindest bei den nichtmendikantischen Klöstern in Holstein, Lübeck und Hamburg ist dieses Postulat zugunsten eines sehr viel bedeutenderen als bisher dargestellten Anteils bischöflicher Reform zurückzuweisen. Als entscheidende Reformgestalt des Untersuchungsraumes ist auch nicht der berühmte Johannes Busch zu nennen, dem zwar viele Kenntnisse zur Reform nördlich der Elbe zu verdanken sind, doch dessen eigener Reformanteil im Vergleich zu anderen Regionen sehr gering war, sondern eher der Lübecker Bischof Nikolaus Sachow, der sowohl die Windesheimer als auch die Bursfelder Reform in seinem Bistum etablierte. Im Gegensatz zu seinem Vorgänger Johannes Schele und seinem zweiten Nachfolger im Bischofsamt, Albert Krummendiek, ist seine facettenreiche Biographie noch nicht Gegenstand einer eingehenden Untersuchung geworden.[573]

Fragt man nach der besonderen regionalen Lage des Untersuchungsraumes an der Peripherie der Kongregationen, so lassen sich verschiedene in der Untersuchung geschilderte Phänomene als aus der Region resultierende Konsequenzen interpretieren. Schon das im Vergleich zum landesherrlichen früher einsetzende Reformengagement der Bischöfe ist erklärbar durch einen von den Bischöfen auf dem Basler Konzil erworbenen Diskurs- und Kommunikationsvorsprung. Auch für die Kongregationen resultierten aus der peripheren Lage ihrer inkorporierten holsteinischen Klöster Schwierigkeiten. Nicht umsonst wurden bei beiden Reformverbänden Filiationsverhältnisse zwischen den Klöstern, die sich durch die Reformeinführung ergeben hatten, zugunsten von Visitationsverbindungen mit später inkorporierten, näher liegenden Klöster aufgegeben. Welchen Kostenfaktor die weite Entfernung darstellte, illustriert auch die bei der geplanten Inkorporation des dänischen Klosters Vore vom Generalkapitel ge-

---

571 Einen Aufsatz zu Segeberg und Bordesholm in der Reformationszeit lieferte Bünz, Aufhebung der holsteinischen Augustiner-Chorherrenstifte; vgl. auch Finke, Geschichte, 189-239.
572 Ebd., 200.
573 Vgl. Ammon, Johannes Schele; Dormeier, Krummediek.

forderte Übernahme der Reisekosten für die Visitatoren jenseits von Cismar oder Lübeck durch den dänischen König und den Bischof von Århus.[574] Mit Cismar als Vorposten war anscheinend für die Kongregation eine Maximalausdehnung erreicht, außerhalb derer sie die Verbindung zwischen ihren Mitgliedsklöstern nicht mehr durch eigene Mittel sichern konnte. Zweifelsohne findet auch das im Vergleich zu anderen, jeweils zeitgleich inkorporierten Klöstern meist geringere Reformengagement der holsteinischen Konvente eine Ursache in ihrer Randlage. Dass diese Erklärung allein jedoch nicht ausreicht, belegt eindrucksvoll das Wirken des Cismarer Abtes Heinrich von Minden, welcher die Bursfelder Kongregation bis nach Dänemark ausweitete.

Des Weiteren lässt sich ein indirekter Zusammenhang zwischen dem Misserfolg bei den Reformen in den Frauenkonventen von Reinbek und Harvestehude und dem peripheren Charakter der Region postulieren. Die Reformen scheiterten wie dargestellt auch an der fehlenden Einführung reformierter Nonnen, was wiederum daraus resultierte, dass im nördlichen Gebiet kaum welche als Reformerinnen verfügbar waren. Nicht zuletzt könnte die periphere Lage auch dazu beigetragen haben, dass sich zumindest in zwei Klöstern des Untersuchungsgebiets eigene, originäre Reformbestrebungen beobachten lassen. Während für Preetz diese eigeninitiative Rolle allgemein als akzeptiert gilt, werden in Bordesholm die innerklösterlichen Reformanstrengungen und kulturellen Leistungen wie die Marienklage und der erste Bibliothekskatalog, welche vor den *actus reformationis* im Jahre 1490 datieren, immer noch unzutreffend als windesheimisch oder zumindest prowindesheimisch dargestellt. Wenn auch nicht entscheidbar ist, inwieweit einzelne Bordesholmer Pröpste tatsächlich einer Windesheimer Reform positiv gegenübergestanden haben, so lässt sich doch gleichzeitig eine bewusste Abgrenzung von der Windesheimer Reform im Segeberger Konvent und das Bemühen, eigene reformierte Gewohnheiten zu schaffen, beobachten. Zudem ist auch der Grundkanon windesheimischer Reformliteratur erst nach der Reformeinführung von 1490 im Kloster nachweisbar.

Mit letzterem wird eine weitere Forschungslücke berührt, welche aber durch die Arbeiten Schnabels dabei ist, sich zu schließen, nämlich die Untersuchung der Reformumsetzung in den konventseigenen Bibliotheken.[575] Für alle drei Männerklöster, selbst für das Segeberger Stift, ist diesbezüglich Quellenmaterial vorhanden. Auch für andere Aspekte der Reformumsetzung, auf die im Rahmen der vorliegenden Arbeit nicht näher eingegangen werden konnte, bietet die Überlieferung genug Material, so insbesondere für eine kunsthistorische Arbeit zur Sichtbarwerdung der Reform in den klösterlichen Bauten und Kunstwerken.[576]

Das letzte Wort soll dem Quellenbestand gelten, der auch die vorliegende Untersuchung eröffnete, den Bordesholmer Professurkunden: Als seltene Belege der Mönchwerdung und der Reform im Norden ist eine baldige und vollständige Edition wünschenswert. Diese steht, ebenso wie eine grundlegende Monographie zum vielleicht wichtigsten Kloster Holsteins, Bordesholm, noch aus.

---

574 Generalkapitels-Rezesse, ed. Volk I, 233.
575 Vgl. Schnabel, Klosterbibliothek Bordesholm; dies., Bibliothek. Eine umfassende Untersuchung der Klosterbibliothek Bordesholms ist zudem Promotionsprojekt Schnabels.
576 Zum Bordesholmer Altar liegt eine solche Untersuchung durch Kähler, Bordesholmer Altar, bereits vor, die jedoch kontrovers diskutiert wurde, vgl. Appuhn, Bemerkungen.

Literaturverzeichnis

Unedierte Quellen

LANDESARCHIV SCHLESWIG-HOLSTEIN (= LASH) Urk.-Abt. 116, Nr. 210: Professurkunden aus dem Kloster Bordesholm vor Einführung der Windesheimer Reform.

LANDESARCHIV SCHLESWIG-HOLSTEIN (= LASH) Urk.-Abt. 116, Nr. 211: Professurkunden aus dem Kloster Bordesholm nach Einführung der Windesheimer Reform.

Edierte Quellen

ACTA CAPITULI Windeshemensis: Acta van de kapittelverhaderingen der congregatie van Windesheim, ed. Sape VAN DER WOUDE, `S-Gravenhage 1953 (Kerkhistorische Studien behorende bij het Nederlands Archief voor Kerkgeschiedenis, Bd. 6).

ACTA PONTIFICUM DANICA (= APD). Pavelige Aktstykker verdrørende Danmark, Bd. 5 (1492-1513), ed. Laust Jeven MOLTESEN, København 1913.

ANALECTA AD HISTORIAM NOVIMONASTERII, ed. Nikolaus BEECK, in: Scriptores minores rerum Slesvico-Holtsatensium, 1. Sammlung, Kiel 1875 (Quellensammlung der Gesellschaft für Schleswig-Holstein-Lauenburgische Geschichte, Bd. 4), 126-203.

ANALECTA CISMARIENSIA, ed. Karl KOHLMANN, in: Scriptores minores rerum Slesvico-Holtsatensium, 1. Sammlung, Kiel 1875 (Quellensammlung der Gesellschaft für Schleswig-Holstein-Lauenburgische Geschichte, Bd. 4), 229-395.

Die BORDESHOLMER MARIENKLAGE, ed. Gustav KÜHL, in: Jahrbuch des Vereins für Niederdeutsche Sprachforschung 24 (1898), 1-75.

Des Augustinerpropstes Iohannes BUSCH Chronicon Windeshemense und Liber de reformatione monasteriorum, ed. Karl GRUBE, Halle 1886 (Geschichtsquellen der Provinz Sachsen und angrenzender Gebiete, Bd. 19).

CAEREMONIAE BURSFELDENSES, ed. Marcellus ALBERT, Siegburg 2002 (Corpus consuetudinum monasticarum, Bd. 13).

Alberti Crummedyckii, episcopi Lubecensis, CHRONICA episcoporum Lubecensium et continuatio chronicae anonymi, ed. Heinrich MEIBOM d. J., in: Scriptores rerum Germanicarum, Bd. 2, Helmstedt 1688, 391-410.

Die CHRONIKEN der niedersächsischen Städte: LÜBECK, Bd. 4, hg. v. der HISTORISCHEN KOMMISSION DER BAYERISCHEN AKADEMIE DER WISSENSCHAFTEN, Leipzig 1910 (Die Chroniken der deutschen Städte vom 14. bis ins 16. Jahrhundert, Bd. 30).

DIPLOMATAR des Klosters Preetz, ed. Adam JESSIEN, Kiel 1839 (SHUS, Bd. 1, 2).

Die GENERALKAPITELS-REZESSE der Bursfelder Kongregation, 4 Bde., ed. Paulus VOLK, Siegburg 1955-1972.

JOHANNIS RODE Archiepiscopi REGISTRUM Bonorum et Iurium Eccelsiae Bremensis (Johann Roden Bok), ed. Richard CAPPELLE, Bremerhaven 1926.
KÄMMEREIRECHNUNGEN der Stadt Hamburg, Bde. 3 (1471-1500)/4 (1482-1500), ed. Karl KOPPMANN, Hamburg 1878/1880.
Des Bürgermeisters Hermann LANGENBECK Bericht über den Aufstand zu Hamburg im Jahre 1483, in: Hamburgische Chroniken in niedersächsischer Sprache, ed. Johann Martin LAPPENBERG, Hamburg 1861, 340-375.
URKUNDENBUCH DER STADT LÜBECK (=LUB), Bd. 10 (1461-1465), Lübeck 1898.
Das MEMORIENBUCH des St. Michaelis-Konventes zu Lübeck. Zwei Handschriften aus den Jahren 1463 und 1498, ed. Rafael FEISMANN, Lübeck 1994 (Veröffentlichungen zur Geschichte der Hansestadt Lübeck Reihe B, Bd. 24).
MONUMENTA inedita rerum Germanicarum praecipue Cimbricarum et Megapolensium..., ed. Ernst Joachim von WESTPHALEN, Bd. 2, Leipzig 1740.
NECROLOGIUM CISMARIENSE, in: Analecta Cismariensia, ed. Karl KOHLMANN, in: Scriptores minores rerum Slesvico-Holtsatensium, 1. Sammlung, Kiel 1875 (Quellensammlung der Gesellschaft für Schleswig-Holstein-Lauenburgische Geschichte, Bd. 4), 272-395.
REGISTRUM König Christians des Ersten, ed. Georg HILLE, Kiel 1875 (SHUS, Bd. 4).
REGULA BENEDICTI (=RB), hg. v. der REGULA BENEDICTI KOMMISSION DER SALZBURGER ÄBTEKONFERENZ, URL: http://www.benediktiner.de/regula/Regula_ Benedicti.pdf.
SCHLESWIG-HOLSTEINISCHE REGESTEN UND URKUNDEN (=SHRU), Bde. 3 (1301-1340)/4 (1341-1375), ed. Paul HASSE/Volquart PAULS, Neumünster 1896/1924.
SERIES ABBATUM CISMARIENSIUM, in: Analecta Cismariensia, ed. Karl KOHLMANN, in: Scriptores minores rerum Slesvico-Holtsatensium, 1. Sammlung, Kiel 1875 (Quellensammlung der Gesellschaft für Schleswig-Holstein-Lauenburgische Geschichte, Bd. 4), 254-259.
TESTAMENT DES GODERT WIGGERINCK (19. Juli 1511), ed. Heinrich DORMEIER, in: Dormeier, Heinrich: Immigration und Integration, Laienfrömmigkeit und Kunst in Lübeck um 1500: Der Großkaufmann und Bankier Godert Wiggerinck († 1518 April 24), in: ZVLGA 85 (2005), 93-165.
URKUNDENBUCH DES BISTUMS LÜBECK (=UBBL), Bde. 2 (1220-1439)/3 (1439-1509), ed. Wolfgang PRANGE, Neumünster/Hamburg 1994/1995 (SHRU, Bd. 13/14).
URKUNDEN zur Geschichte des Neumünsterschen Nonnenklosters, ed. Nikolaus FALCK, in: Neues Staatsbürgerliches Magazin mit besonderer Rücksicht auf die Herzogthümer Schleswig, Holstein und Lauenburg 2 (1834), 902-908.
Die URKUNDEN des Konvents, ed. Hans-Joachim FREYTAG, in: Freytag, Hans Joachim: Der Plöner Konvent der Schwestern vom gemeinsamen Leben und seine Urkunden (1468-1578), Neumünster 1992 (QFGSH, Bd. 100), 75-138.
URKUNDEN zur Geschichte der Bursfelder Kongregation, ed. Paulus VOLK, Bonn 1951 (Kanonistische Studien und Texte, Bd. 20).
URKUNDENVERZEICHNIS zur Geschichte des Klosters, ed. Hans HEUER, in: Heuer, Hans: Das Kloster Reinbek. Beitrag zur Geschichte der Landschaft Stormarn, Neumünster 1985 (QFGSH, Bd. 86), 122-209.

VETUS DISCIPLINA canonicorum regularium et saecularium, Bd. 1, ed. Eusebius A-MORT, Venetiis 1747.
VISITATIONSBERICHTE, ed. Heinrich FINKE, in: Finke, Heinrich: Zur Geschichte der schleswig-holsteinischen Klöster im 15. und 16. Jahrhundert, in: ZSHG 13 (1883), 240-243.
VORSCHLÄGE DES BISCHOFS JOHANNES VON LÜBECK zur Reform des geistlichen und weltlichen Standes, Basel, ed. Hans AMMON, in: Ammon, Hans: Johannes Schele. Bischof von Lübeck auf dem Basler Konzil. Ein Beitrag zur Reichs- und Kirchengeschichte des 15. Jahrhunderts, Lübeck 1931 (Veröffentlichungen zur Geschichte der Freien und Hansestadt Lübeck, Bd. 10).
WELLINGSBÜTTELER URKUNDEN, Bd. 1 (1296-1574), ed. Christian BOECK, Hamburg 1938.

Literatur

ACQUOY, Johannes Gerhardus Rijk: Het Klooster te Windesheim en zijn invloed, Bde. 2/3, Utrecht 1876/1880.
ALBRECHT, Uwe u.a. (Hg.): Der Bordesholmer Altar des Hans Brüggemann. Werk und Wirkung, Berlin 1996.
AMMON, Hans: Johannes Schele. Bischof von Lübeck auf dem Basler Konzil. Ein Beitrag zur Reichs- und Kirchengeschichte des 15. Jahrhunderts, Lübeck 1931 (Veröffentlichungen zur Geschichte der Freien und Hansestadt Lübeck, Bd. 10).
APPUHN, Horst: Bemerkungen zu Ingeborg Kähler: Der Bordesholmer Altar, in: Nordelbingen 51 (1982), 29-37.
APPUHN, Horst: Der Bordesholmer Altar und die anderen Werke von Hans Brüggemann, Königstein i.T. 1983.
AUGE, Oliver: Geistliche Gemeinschaften, Dynastie und Landesherrschaft im Ostseeraum, in: Glaube, Macht und Pracht. Geistliche Gemeinschaften des Ostseeraumes im Zeitalter der Backsteingotik, hg. v. Oliver AUGE, Felix Paul BIERMANN u. Christofer HERMANN, Rahden 2009 (Archäologie und Geschichte im Ostseeraum, Bd. 6), 305-322.
AUGE, Oliver: Handlungsspielräume fürstlicher Politik im Mittelalter. Der südliche Ostseeraum von der Mitte des 12. Jahrhunderts bis in die frühe Reformationszeit, Ostfildern 2009 (Mittelalter-Forschungen, Bd. 28).
AUGE, Oliver/HILLEBRAND, Katja (Hg.): Klöster, Stifte und Konvente nördlich der Elbe. Zum gegenwärtigen Stand der Klosterforschung in Schleswig-Holstein, Nordschleswig sowie den Hansestädten Lübeck und Hamburg, Neumünster 2013 (QFGSH, Bd. 120).
AUGE, Oliver: Begegnungsstätten von Kirche und Welt. Monastische und klerikale Einrichtungen in Schleswig-Holstein im Wirkungsfeld territorialer und städtischer Herrschaft, in: Klöster, Stifte und Konvente nördlich der Elbe. Zum gegenwärtigen Stand der Klosterforschung in Schleswig-Holstein, Nordschleswig sowie den Hansestädten Lübeck und Hamburg, hg. v. Oliver AUGE u. Katja HILLEBRAND, Neumünster 2013 (QFGSH, Bd. 120), 101-146.

BECKER, Pius: Benediktinische Reformbewegungen im Spätmittelalter. Ansätze, Entwicklungen, Auswirkungen, in: Untersuchungen zu Kloster und Stift, hg. v. MAX-PLANCK-INSTITUT FÜR GESCHICHTE, Göttingen 1980 (Veröffentlichungen des Max-Planck-Instituts für Geschichte, Bd. 68/Germania Sacra, Bd. 14), 167-187.

BOOCKMANN, Andrea: Hamburg, Schleswig und Lübeck als Zentren der Diözesanverwaltung im Mittelalter, in: Schleswig-Holsteinische Kirchengeschichte, Bd. 2: Anfänge und Ausbau (Teil 2), Neumünster 1977 (Schriften des Vereins für Schleswig-Holsteinische Kirchengeschichte I. Reihe, Bd. 26), 9-42.

BREHMER, Wilhelm: Aus den Berichten des Augustinerpropstes Johannes Busch, in: MVLGA 1895/1896, 119-122/134-136.

BROSIUS, Dieter: Domus sancti Dionisii in Moelembeke (Möllenbeck), in: Monasticon Windeshemense, Teil 2: deutsches Sprachgebiet, hg. v. Wilhelm KOHL, Ernest PERSOONS u. Anton G. WEILER, Brüssel 1977 (Archives et bibliothèques de Belgique. Numéro special, Bd. 16), 297-304.

BUCHWALD, Gustav von: Anna von Buchwald. Priörin des Klosters Preetz, 1484-1508, in: ZSHG 9 (1883), 1-98.

BÜNZ, Enno: Unbekannte Profeßurkunden aus Benediktbeuern. Zeugnisse der spätmittelalterlichen Melker Klosterreform in der Dombibliothek Hildesheim, in: Bücherschicksale. Die Domblibliothek Hildesheim, hg. v. Jochen BEPLER u. Thomas SCHARF-WREDE, Hildesheim 1996, 305-351.

BÜNZ, Enno: Bursfelder Gewohnheiten in Münsterschwarzach und Theres. Zum Zusammenhang von Mönchsprofeß und Klosterreform vom 15. bis 17. Jahrhundert, in: Benediktinisches Mönchtum in Franken vom 12. bis zum 17. Jahrhundert. Zum 400. Todestag des Münsterschwarzacher Abtes Johannes IV. Burckhardt (1563-1598), hg. v. Elmar HOCHHOLZER, Münsterschwarzach 2000 (Münsterschwarzacher Studien, Bd. 48), 151-177.

BÜNZ, Enno: Zwischen Kanonikerreform und Reformation. Anfänge, Blütezeit und Untergang der Augustiner-Chorherrenstifte Neumünster-Bordesholm und Segeberg (12. bis 16. Jahrhundert), Paring 2002 (Schriftenreihe der Augustiner-Chorherren von Windesheim, Bd. 7).

BÜNZ, Enno: Die Aufhebung der holsteinischen Augustiner-Chorherrenstifte Bordesholm und Segeberg in der Reformationszeit, in: Reform – Sequestration – Säkularisation. Die Niederlassungen der Augustiner-Chorherren im Zeitalter von Reformation und am Ende des Alten Reiches, hg. v. Winfried MÜLLER, Paring 2005 (Publikationen der Akademie der Augustiner-Chorherren von Windesheim, Bd. 6), 39-78.

DEHIO Handbuch der deutschen Kunstdenkmäler: Hamburg und Schleswig-Holstein, bearb. v. Johannes HABICH, Christoph TIMM u. Lutz WILDE, München/Berlin ²1994.

DORMEIER, Heinrich: Immigration und Integration, Laienfrömmigkeit und Kunst in Lübeck um 1500: Der Großkaufmann und Bankier Godert Wiggerinck († 1518 April 24), in: ZVLGA 85 (2005), 93-165.

DORMEIER, Heinrich: Wirtschaftlicher Erfolg, Laienfrömmigkeit und Kunst in Lübeck um 1500: Die Stiftung des Bankiers und Großkaufmanns Godert Wiggerinck, in: Klerus, Kirche und Frömmigkeit im spätmittelalterlichen Schleswig-Holstein, hg. v. Enno BÜNZ u. Klaus-Joachim LORENZEN-SCHMIDT, Neumünster 2006 (Studien zur Wirtschafts- und Sozialgeschichte Schleswig-Holsteins, Bd. 41), 275-297.

DORMEIER, Heinrich: Bischof Albert Krummediek (um 1417-1489). Annäherung an eine schillernde Persönlichkeit, in: Bernt Notke. Das Triumphkreuz zu Lübeck, hg. v. Hildegard VOGELER, Kiel 2010, 49-62.

DORMEIER, Heinrich: Gründung und Frühgeschichte des Lübecker St. Annenklosters im Spiegel der testamentarischen Überlieferung, in: ZVLGA 91 (2011), 29-88.

EGGERS, Hans: Bordesholmer Marienklage, in: Verfasserlexikon. Die deutsche Literatur des Mittelalters 1 (1978), 958-960.

EILERMANN, Amandus: Cismar, in: Die Benediktinerklöster in Niedersachsen, Schleswig-Holstein und Bremen, hg. v. Ulrich FAUST, St. Ottilien 1979 (Germania Benedictina, Bd. 6), 101-108.

ELM, Kaspar: Verfall und Erneuerung des Ordenswesens im Spätmittelalter. Forschungen und Forschungsaufgaben, in: Untersuchungen zu Kloster und Stift, hg. v. MAX-PLANCK-INSTITUT für Geschichte, Göttingen 1980 (Veröffentlichungen des Max-Planck-Instituts für Geschichte, Bd. 68/Germania Sacra, Bd. 14), 188-238.

ELM, Kaspar (Hg.): Reformbemühungen und Observanzbestrebungen im spätmittelalterlichen Ordenswesen, Berlin 1989 (Berliner Historische Studien, Bd. 14/ Ordensstudien, Bd. 6).

ELM, Kaspar: Reform- und Observanzbestrebungen im spätmittelalterlichen Ordenswesen. Ein Überblick, in: Reformbemühungen und Observanzbestrebungen im spätmittelalterlichen Ordenswesen, hg. v. Kaspar ELM, Berlin 1989 (Berliner Historische Studien, Bd. 14/Ordensstudien, Bd. 6), 3-19.

FAUST, Ulrich: Benediktinisches Mönchtum in Norddeutschland, in: Die Benediktinerklöster in Niedersachsen, Schleswig-Holstein und Bremen, hg. v. Ulrich FAUST, St. Ottilien 1979 (Germania Benedictina, Bd. 6), 19-32.

FAUST, Ulrich: Hildesheim, St. Michael, in: Die Benediktinerklöster in Niedersachsen, Schleswig-Holstein und Bremen, hg. v. Ulrich FAUST, St. Ottilien 1979 (Germania Benedictina, Bd. 6), 218-252.

FICKER, Gerhard: Zur Geschichte des Brüggemannschen Altars, in: Nordelbingen 5 (1926), 360-371.

FINKE, Heinrich: Zur Geschichte der schleswig-holsteinischen Klöster im 15. und 16. Jahrhundert, in: ZSHG 13 (1883), 143-248.

FREYTAG, Erwin: Die Klöster als Zentren kirchlichen Lebens, in: Schleswig-Holsteinische Kirchengeschichte, Bd. 2: Anfänge und Ausbau (Teil 2), Neumünster 1977 (Schriften des Vereins für Schleswig-Holsteinische Kirchengeschichte I. Reihe, Bd. 26), S. 147-203.

FREYTAG, Hans Joachim: Der Plöner Konvent der Schwestern vom gemeinsamen Leben und seine Urkunden (1468-1578), Neumünster 1992 (QFGSH, Bd. 100).

GLEBA, Gudrun: Reformpraxis und materielle Kultur. Westfälische Frauenklöster im späten Mittelalter, Husum 2000 (Historische Studien, Bd. 462).
GRABKOWSKY, Anna-Therese: Das Kloster Cismar, Neumünster 1982 (QFGSH, Bd. 80).
GRABKOWSKY, Anna-Therese: Reinbek, in: Die Männer- und Frauenklöster der Zisterzienser in Niedersachsen, Schleswig-Holstein und Hamburg, hg. v. Ulrich FAUST, St. Ottilien 1994 (Germania Benedictina, Bd. 12), 567-585.
GRAßMANN, Antjekathrin: Lübeck, St. Johannis, in: Die Männer- und Frauenklöster der Zisterzienser in Niedersachsen, Schleswig-Holstein und Hamburg, hg. v. Ulrich FAUST, St. Ottilien 1994 (Germania Benedictina, Bd. 12), 361-374.
GRUBE, Karl: Johannes Busch, Augustinerpropst zu Hildesheim. Ein kirchlicher Reformator des 15. Jahrhunderts, Freiburg 1881.
HAMM, Berndt: Von der spätmittelalterlichen reformatio zur Reformation. Der Prozess normativer Zentrierung von Religion und Gesellschaft in Deutschland, in: Archiv für Religionsgeschichte 84 (1993), 7-82.
HAMMER, Elke-Ursel: Substrukturen, Zentren und Regionen in der Bursfelder Benediktinerkongregation, in: Religiöse Bewegungen im Mittelalter. FS Matthias Werner, hg. v. Enno BÜNZ, Stefan TEBRUCK u. Helmut G. WALTHER, Köln 2007 (Veröffentlichungen der Historischen Kommission für Thüringen. Kleine Reihe, Bd. 24), 397-426.
HAUSCHILD, Wolf-Dieter: Kirchengeschichte Lübecks. Christentum und Bürgertum in neun Jahrhunderten, Lübeck 1981.
HEIN, Lorenz: Preetz, in: Die Frauenklöster in Niedersachsen, Schleswig-Holstein und Bremen, hg. v. Ulrich FAUST, St. Ottilien 1984 (Germania Benedictina, Bd. 11), 498-511.
HELMRATH, Johannes: Visitationsberichte als Geschichtsquellen, in: Geschichte in Köln. Studentische Zeitschrift am Historischen Seminar 30 (1991), 137-141.
HELMRATH, Johannes: Capitula. Provinzialkapitel und Bullen des Basler Konzils für die Reform des Benediktinerordens im Reich, in: Studien zum 15. Jahrhundert. FS Erich Meuthen, hg. v. Johannes HELMRATH u. Heribert MÜLLER, München 1994, 87-121.
HENNINGS, Hans Harald: Domus beatae Mariae Bordesholm in Holsatia (Bordesholm), in: Monasticon Windeshemense, Teil 2: deutsches Sprachgebiet, hg. v. Wilhelm KOHL, Ernest PERSOONS u. Anton G. WEILER, Brüssel 1977 (Archives et bibliothèques de Belgique. Numéro special, Bd. 16), 78-94.
HENNINGS, Hans Harald: Domus beatae Mariae et Johannis Evangelistae iuxta Seghenberch (Segeberg), in: Monasticon Windeshemense, Teil 2: deutsches Sprachgebiet, hg. v. Wilhelm KOHL, Ernest PERSOONS u. Anton G. WEILER, Brüssel 1977 (Archives et bibliothèques de Belgique. Numéro special, Bd. 16), 389-407.
HEUER, Hans: Das Kloster Reinbek. Beitrag zur Geschichte der Landschaft Stormarn, Neumünster 1985 (QFGSH, Bd. 86).
HEUTGER, Nicolaus: Bursfelde und seine Reformklöster, Hildesheim ²1975.

HEUTGER, Nicolaus: Niedersächsische Ordenshäuser und Stifte. Geschichte und Gegenwart, Berlin 2009 (Forschungen zur niedersächsischen Ordensgeschichte, Bd. 7).

HILLEBRAND, Katja: Das Schleswig-Holsteinische und Hamburgische Klosterbuch. Ein Werkstattbericht zum Forschungsprojekt und Publikationsvorhaben, in: Klöster, Stifte und Konvente nördlich der Elbe. Zum gegenwärtigen Stand der Klosterforschung in Schleswig-Holstein, Nordschleswig sowie den Hansestädten Lübeck und Hamburg, hg. v. Oliver AUGE u. Katja HILLEBRAND, Neumünster 2013 (QFGSH, Bd. 120), 15-48.

HOFFMANN, Erich: Spätmittelalter und Reformationszeit, Neumünster 1990 (Geschichte Schleswig-Holsteins, Bd. 4/2).

HOFMEISTER, Philipp: Die Verfassung der Bursfelder Kongregation, in: SMGB 53 (1935), 37-76.

HOFMEISTER, Philipp: Die Verfassung der Windesheimer Augustiner-Chorherrenkongregation, in: ZRG KA 30 (1941), 165-270.

ISERLOH, Erwin: Busch, Johannes, in: LexMA 2 (2002), 1115-1116.

JACHOMOWSKI, Dirk: Uetersen, in: Die Männer- und Frauenklöster der Zisterzienser in Niedersachsen, Schleswig-Holstein und Hamburg, hg. v. Ulrich FAUST, St. Ottilien 1994 (Germania Benedictina, Bd. 12), 664-677.

KÄHLER, Ingeborg: Der Bordesholmer Altar – Zeichen in einer Krise. Ein Kunstwerk zwischen kirchlicher Tradition und humanistischer Gedankenwelt am Ausgang des Mittelalters, Neumünster 1981 (Studien zur schleswig-holsteinischen Kunstgeschichte, Bd. 14).

KELM, Elfriede: Kloster Preetz in der Gestalt der Anna von Buchwald, Priörin, 1484-1508, o.O. [Preetz] o.J. [1970].

KELM, Elfriede: Das „Buch im Chore" der Priörin Anna von Buchwald im Klosterarchiv zu Preetz, in: Jahrbuch für Heimatkunde im Kreis Plön-Holstein 4 (1974), 68-83.

KELM, Elfriede: Das Buch im Chore der Preetzer Klosterkirche. Nach dem Original dargestellt, in: Schriften des Vereins für Schleswig-Holsteinische Kirchengeschichte, II. Reihe 30/31 (1974/1975), 7-35.

KEMPER, Joachim: Klosterreformen im Bistum Worms im späten Mittelalter, Mainz 2006 (Quellen und Abhandlungen zur mittelrheinischen Kirchengeschichte, Bd. 115).

KOHL, Wilhelm/PERSOONS, Ernest (Hg.): Monasticon Windeshemense, Teil 2: deutsches Sprachgebiet, Brüssel 1977 (Archives et bibliothèques de Belgique. Numéro special, Bd. 16)

KOHL, Wilhelm: Domus in Nemore beate Marie prope Noerthorn (Frenswegen, Nordhorn), in: Monasticon Windeshemense, Teil 2: deutsches Sprachgebiet, hg. v. Wilhelm KOHL, Ernest PERSOONS u. Anton G. WEILER, Brüssel 1977 (Archives et bibliothèques de Belgique. Numéro special, Bd. 16), 141-152.

KOHL, Wilhelm: Die Windesheimer Kongregation, in: Reformbemühungen und Observanzbestrebungen im spätmittelalterlichen Ordenswesen, hg. v. Kaspar ELM,

Berlin 1989 (Berliner Historische Studien, Bd. 14/Ordensstudien, Bd. 6), 83-106.

KRÜGER, Klaus: Corpus der mittelalterlichen Grabdenkmäler in Lübeck, Schleswig, Holstein und Lauenburg (1100-1600), Stuttgart 1999 (Kieler Historische Studien, Bd. 40).

Die KUNSTDENKMÄLER DER STADT SCHLESWIG, Bd. 2: Der Dom und der ehemalige Dombezirk, bearb. v. Dietrich ELLGER, München/Berlin 1966 (Die Kunstdenkmäler des Landes Schleswig-Holstein, Bd. 10).

KUNST-TOPOGRAPHIE Schleswig-Holstein, hg. v. Hartwig BESELER, Neumünster ³1975.

LAPPENBERG, Johann Martin: Von der Cistercienserinnen-Abtei Herwardeshude und deren Umwandlung in das St. Johanniskloster, in: ZHG 4 (1858), 513-572.

LESSER, Bertram: Johannes Busch: Chronist der Devotio moderna. Werkstruktur, Überlieferung, Rezeption, Frankfurt a.M. 2005 (Tradition, Reform, Innovation, Bd. 10).

LOER, Marina: Lebensentscheidung Mönch: Professurkunden aus dem Augustiner-Chorherrenstift Bordesholm, in: Glauben – Wissen – Leben. Klöster in Schleswig-Holstein. Ausstellungsbegleitband, hg. v. Jens AHLERS, Oliver AUGE u. Katja HILLEBRAND, Kiel 2011, 172-175.

LOER, Marina: Reform vor der Reformation: Die Windesheimer und Bursfelder Reformbewegungen in den Klöstern Holsteins und der Hansestädte Lübeck und Hamburg – Ein Projektausschnitt, in: MSHG 80 (2011), 85-89.

LOHMEIER, Dieter: Johannes Reborch, in: Biographisches Lexikon für Schleswig-Holstein und Lübeck 9 (1991), 302-303.

LOHMEIER, Dieter: Bordesholmer Marienklage (planctus deutissimus beatissime marie virginis), in: Glauben. Nordelbiens Schätze 800-2000, hg. v. Johannes SCHILLING, Neumünster 2000, 45f.

LORENZEN, Vilhelm: De Danske klostres Bygningshistorie, Bd. 10: De Danske Benediktinerklostres Bygningshistorie, København 1932.

LORENZEN-SCHMIDT, Klaus-Joachim: Umfang und Dynamik des Hamburger Rentenmarktes zwischen 1471 und 1570, in: ZHG 65 (1979), 21-52.

LORENZEN-SCHMIDT, Klaus-Joachim: Von „bösen" und „frommen" Leuten. Der Hamburger Aufstand von 1483, in: Das andere Hamburg. Freiheitliche Bestrebungen in der Hansestadt seit dem Spätmittelalter, hg. v. Jörg BERLIN, Köln 1981 (Kleine Bibliothek, Bd. 237).

LÜTJOHANN, Hermann: Alt-Neumünster. Geschichte der Stadt und ihrer Umgebung, Neumünster 1953.

LUTTERBACH, Hubertus: Monachus factus est. Die Mönchwerdung im frühen Mittelalter. Zugleich ein Beitrag zur Frömmigkeits- und Liturgiegeschichte, Münster 1995 (Beiträge zur Geschichte des alten Mönchtums und des Benediktinertums, Bd. 44).

MACHILEK, Franz: Zu einem Profeßzettel aus dem Augustiner-Chorherrenstift Langenzenn vom Jahre 1424, in: Bewahren und Umgestalten. FS Walter Jaroschka, hg. v. Hermann RUMSCHÖTTEL u. Erich STAHLEDER, München 1992 (Mitteilungen für die Archivpflege in Bayern, Sonderbd. 9), 324-331.

MEHLHORN, Dieter J.: Klöster und Stifte in Schleswig-Holstein. 1200 Jahre Geschichte, Architektur und Kunst, Kiel 2007.

MELVILLE, Gert: Aspekte zum Vergleich von Krisen und Reformen in mittelalterlichen Orden und Klöstern, in: Mittelalterliche Orden und Klöster im Vergleich. Methodische Ansätze und Perspektiven, hg. v. Gert MELVILLE u. Anne MÜLLER, Berlin 2007 (Vita regularis. Abhandlungen, Bd. 34), 139-160.

MERTENS, Dieter: Monastische Reformbewegungen des 15. Jahrhunderts: Ideen – Ziele – Resultate, in: Reform von Kirche und Reich zur Zeit der Konzilien von Konstanz (1414-1418) und Basel (1431-1449), hg. v. Ivan HLAVÁCEK u. Alexander PATSCHOVSKY, Konstanz 1996, 157-181.

MERTENS, Dieter: Klosterreform als Kommunikationsereignis, in: Formen und Funktionen öffentlicher Kommunikation im Mittelalter, hg. v. Gerd ALTHOFF, Stuttgart 2001 (Vorträge und Forschungen, Bd. 51).

MEYER, Johannes: Johannes Busch und die Klosterreform des 15. Jahrhunderts, in: Jahrbuch der Gesellschaft für niedersächsische Kirchengeschichte 47 (1949), 43-53.

NEIDIGER, Bernhard: Stadtregiment und Klosterreform in Basel, in: Reformbemühungen und Observanzbestrebungen im spätmittelalterlichen Ordenswesen, hg. v. Kaspar ELM, Berlin 1989 (Berliner Historische Studien, Bd. 14/Ordensstudien, Bd. 6), 539-567.

NEIDIGER, Bernhard: Erzbischöfe, Landesherren und Reformkongregationen. Initiatoren und treibende Kräfte der Klosterreformen des 15. Jahrhunderts im Gebiet der Diözese Köln, in: Rheinische Vierteljahrblätter 54 (1990), 19-77.

NEIDIGER, Bernhard: Die Observanzbewegungen der Bettelorden in Südwestdeutschland, in: Rottenburger Jahrbuch für Kirchengeschichte 11 (1992), 175-196.

NEIDIGER, Bernhard: Das Dominikanerkloster Stuttgart, die Kanoniker vom gemeinsamen Leben in Urach und die Gründung der Universität Tübingen. Konkurrierende Reformansätze in der württembergischen Kirchenreformpolitik am Ausgang des Mittelalters, Stuttgart 1993 (Veröffentlichungen des Archivs der Stadt Stuttgart, Bd. 58).

NEIDIGER, Bernhard: Tübingen, Urach und Stuttgart in der Kirchenrefompolitik Graf Eberhards d. Ä. von Württemberg (1459-1496), in: Alemannisches Jahrbuch 1993/94, 103-124.

PETERSON, Nils Holger: Devotion and Dramaticity in the Bordesholmer Marienklage (1476), in: Dies est leticie. FS Janka Szendrei, hg. v. David HILEY u. Gábor KISS, Ottawa 2008 (Wissenschaftliche Abhandlungen. Institute of Medieval Music, Bd. 90), 413-428.

PRANGE, Wolfgang: Johannes Schele (gest. 1439), in: Die Bischöfe des Heiligen Römischen Reiches, Bd. 1: 1198 bis 1448. Ein biographisches Lexikon, hg. v. Erwin GATZ, Berlin 2001, 359-361.

PRANGE, Wolfgang: Bistum Lübeck (ecclesia Lubicensis, Kirchenprovinz Bremen), in: Die Bistümer des Heiligen Römischen Reiches von ihren Anfängen bis zur Säkularisation, hg. v. Erwin GATZ, Freiburg 2003, 363-369.

RAAPE, Helga: Der Hamburger Aufstand im Jahre 1483, in: ZHG 45 (1959), 1-64.

REHM, Gerhard: Die Schwestern vom gemeinsamen Leben im nordwestlichen Deutschland. Untersuchungen zur Geschichte der Devotio moderna und des weiblichen Religiosentums, Berlin 1985 (Berliner Historische Studien, Bd. 11/Ordensstudien, Bd. 5).

REUMANN, Klauspeter: Reinfeld, in: Die Männer- und Frauenklöster der Zisterzienser in Niedersachsen, Schleswig-Holstein und Hamburg, hg. v. Ulrich FAUST, St. Ottilien 1994 (Germania Benedictina, Bd. 12), 586-603.

REUTHER, Hans: Hildesheim, St. Godehard, Die Benediktinerklöster in Niedersachsen, Schleswig-Holstein und Bremen, hg. v. Ulrich FAUST, St. Ottilien 1979 (Germania Benedictina, Bd. 6), 200-217.

ROSENPLÄNTER, Johannes: Kloster Preetz und seine Grundherrschaft. Sozialgefüge, Wirtschaftsbeziehungen und religiöser Alltag eines holsteinischen Frauenklosters um 1210-1550, Neumünster 2008 (QFGSH, Bd. 114).

RÜTHER, Stefanie: Prestige und Herrschaft. Zur Repräsentation der Lübecker Ratsherren in Mittelalter und Früher Neuzeit, Köln 2003 (Norm und Struktur, Bd. 16).

SCHLIFFKA, Maren: Das Augustiner-Chorherrenkloster zu Bordesholm. Studien zur Baugeschichte, phil. M.A. Kiel 1996 (masch.).

SCHNABEL, Kerstin: Die Bibliothek des Benediktinerklosters Cismar, in: ZSHG 127 (2002), 123-151.

SCHNABEL, Kerstin: Die mittelalterliche Klosterbibliothek Bordesholm. Untersuchungen anhand des Kataloges von 1488, phil. M.A. Kiel 2005 (masch.).

SCHNABEL, Kerstin: Streifzug durch die Bordesholmer Stiftsbibliothek, in: Jahrbuch für das ehemalige Amt Bordesholm 9 (2007), 13-24.

SCHOLZ, Klaus: Domus Montis beatae Mariae prope fluvium Jasonis (Jasenitz), in: Monasticon Windeshemense, Teil 2: deutsches Sprachgebiet, hg. v. Wilhelm KOHL, Ernest PERSOONS u. Anton G. WEILER, Brüssel 1977 (Archives et bibliothèques de Belgique. Numéro special, Bd. 16), 249-254.

SCHREINER, Klaus: Sozial- und standesgeschichtliche Untersuchungen zu den Benediktinerkonventen im östlichen Schwarzwald, Stuttgart 1964 (Veröffentlichungen der Kommission für geschichtliche Landeskunde in Baden-Württemberg Reihe B, Bd. 31).

SCHREINER, Klaus: Benediktinische Klosterreform als zeitgebundene Auslegung der Regel. Geistige, religiöse und soziale Erneuerung in spätmittelalterlichen Klöstern Südwestdeutschlands im Zeichen der Kastler, Melker und Bursfelder Reform, in: Blätter für württembergische Kirchengeschichte 86 (1986), 105-195.

SCHRÖER, Alois: Schwarzburg, Heinrich Graf von (1440-1496), in: Die Bischöfe des Heiligen Römischen Reiches, Bd. 2: 1448-1648. Ein biographisches Lexikon, hg. v. Erwin GATZ, Berlin 1996, 653f.

SCHUBERT, Hans von: Die Entstehung der Schleswig-Holsteinischen Landeskirche. Vortrag, gehalten auf der theologischen Conferenz zu Kiel, in: ZSHG 24 (1894), 93-136.
SCHUBERT, Hans von: Kirchengeschichte Schleswig-Holsteins aufgrund von Vorlesungen an der Kieler Universität, Bd. 1: Bis zur Reformation, Kiel 1907.
SCHULZE, Ursula: Emotionalität im Geistlichen Spiel. Die Vermittlung von Schmerz und Trauer in der ‚Bordesholmer Marienklage' und verwandten Szenen, in: Ritual und Inszenierung. Geistliches und weltliches Drama des Mittelalters und der Frühen Neuzeit, hg. v. Hans-Joachim ZIEGLER, Tübingen 2004, 177-194.
SEGIN, Wilhelm: Domus sancti Meynulphi confessoris in Bodiken (Böddeken), in: Monasticon Windeshemense, Teil 2: deutsches Sprachgebiet, hg. v. Wilhelm KOHL, Ernest PERSOONS u. Anton G. WEILER, Brüssel 1977 (Archives et bibliothèques de Belgique. Numéro special, Bd. 16), 61-70.
SEIBRICH, Wolfgang: Episkopat und Klosterreform im Spätmittelalter, in: Römische Quartalsschrift für christliche Altertumskunde und Kirchengeschichte 91 (1996), 263-338.
SIELEMANN, Jürgen/WÜLFKEN, Siegmund: Geschichte des Klosters und Amtes Cismar, in: Grömitz – Das Bad der Sonnenseite. Ostholstein. Vergangenheit und Gegenwart, hg. v. Walter K. EHLERS, Grömitz 1972, 91-117.
STAUBACH, Nikolaus: Reform aus Tradition: Die Bedeutung der Kirchenväter für die Devotio Moderna, in: Schriftlichkeit und Lebenspraxis im Mittelalter. Erfassen, Bewahren, Verändern, hg. v. Hagen KELLER, Christel MEIER u. Thomas SCHARFF, München 1999 (Münstersche Mittelalter-Schriften, Bd. 76), 171-202.
STAUBACH, Nikolaus: Zwischen Bursfelde und Windesheim. Nordhessische Klöster in den Reformbewegungen des Spätmittelalters, in: Archiv für mittelrheinische Kirchengeschichte 52 (2000), 99-119.
STEFFENHAGEN, Emil: Die Klosterbibliothek zu Bordesholm und die Gottorfer Bibliothek. Zwei bibliographische Untersuchungen, in: ZSHG 13 (1883), 65-142/14 (1884), 1-40.
STIEVERMANN, Dieter: Die württembergischen Klosterreformen des 15. Jahrhunderts. Ein bedeutendes landeskirchliches Strukturelement des Spätmittelalters und ein Kontinuitätsstrang zum ausgebildeten Landeskirchentum der Frühneuzeit, in: Zeitschrift für Württembergische Landesgeschichte 44 (1985), 65-103.
STIEVERMANN, Dieter: Landesherrschaft und Klosterwesen im spätmittelalterlichen Württemberg, Sigmaringen 1989.
STIEVERMANN, Dieter: Klosterreform und Territorialstaat in Süddeutschland im 15. Jahrhundert, in: Rottenburger Jahrbuch für Kirchengeschichte 11 (1992), 149-160.
STORK, Hans-Walter: Die Bibliothek des Augustiner-Chorherrenstifts Neumünster-Bordesholm, in: Zur Erforschung mittelalterlicher Bibliotheken: Chancen, Entwicklungen, Perspektiven, hg. v. Michael EMBACH u. Andrea RAPP, Frankfurt a.M. 2009 (Zeitschrift für Bibliothekswesen und Bibliographie, Sonderbd. 97), 396-420.

STUMPF, Paschasia: Bremen, St. Paul, in: Die Benediktinerklöster in Niedersachsen, Schleswig-Holstein und Bremen, hg. v. Ulrich FAUST, St. Ottilien 1979 (Germania Benedictina, Bd. 6), 57-66.

TEUCHERT, Wolfgang: Der gotische Stiftschor der Segeberger Kirche, in: Nordelbingen 36 (1967), 7-14.

URBANSKI, Silke: „Der Begevenen Kinder Frunde". Soziale und politische Gründe für das Scheitern eines Reformversuchs am Kloster Harvestehude 1482, in: Recht und Alltag im Hanseraum. FS Gerhard Theuerkauf, hg. v. Christian LAMSCHUS, Jürgen ELLERMEYER u. Silke URBANSKI, Lüneburg 1993, 411-428.

URBANSKI, Silke: Geschichte des Klosters Harvestehude „In valle virginum". Wirtschaftliche, soziale und politische Entwicklung eines Nonnenklosters bei Hamburg 1245-1530, Münster 1996 (Geschichte, Bd. 11).

VOGTHERR, Thomas: Erzbistum Bremen (-Hamburg) (ecclesia Bremensis), in: Die Bistümer des Heiligen Römischen Reiches von ihren Anfängen bis zur Säkularisation, hg. v. Erwin GATZ, Freiburg 2003, 113-127.

VOLK, Paulus: Einleitung, in: Die Generalkapitels-Rezesse der Bursfelder Kongregation, Bd. 1: 1458-1530, hg. v. Paulus VOLK, Siegburg 1955.

VOLK, Paulus: Die Generalkapitels-Rezesse der Bursfelder Kongregation, Bd. 4: Register, Siegburg 1972.

WEILER, Anton G./GEIRNAERT, Noël: Domus Fontis beatae Mariae prope Aernhem, in: Monasticon Windeshemense, Teil 3: Niederlande, hg. v. Wilhelm KOHL, Ernest PERSOONS u. Anton G. WEILER, Brüssel 1980 (Archives et bibliothèques de Belgique. Numéro special, Bd. 16), 127-144.

WEILER, Anton G./GEIRNAERT, Noël: Domus sancti Martini in Lunenkercke, nunc Achlum in Frisia (Ludingakerk-Achlum), in: Monasticon Windeshemense, Teil 3: Niederlande, hg. v. Wilhelm KOHL, Ernest PERSOONS u. Anton G. WEILER, Brüssel 1980 (Archives et bibliothèques de Belgique. Numéro special, Bd. 16), 299-312.

WETZEL, August: Die Reste der Bordesholmer Bibliothek in Kopenhagen, in: ZSHG 14 (1884), 41-156/366-367.

WINTER, Franz: Die Cistercienser des nordöstlichen Deutschlands. Ein Beitrag zur Kirchen- und Kulturgeschichte des deutschen Mittelalters, 3 Bde., Gotha 1871.

WRIEDT, Klaus: Krummendiek, Albert (um 1417-1489), in: Die Bischöfe des Heiligen Römischen Reiches, Bd. 2: 1448-1648. Ein biographisches Lexikon, hg. v. Erwin GATZ, Berlin 1996, 385f.

WRIEDT, Klaus: Sachow, Nikolaus († 1449), in: Die Bischöfe des Heiligen Römischen Reiches, Bd. 2: 1448-1648. Ein biographisches Lexikon, hg. v. Erwin GATZ, Berlin 1996, 610.

WRIEDT, Klaus: Westfal, Arnold (1398/99-1466), in: Die Bischöfe des Heiligen Römischen Reiches, Bd. 2: 1448-1648. Ein biographisches Lexikon, hg. v. Erwin GATZ, Berlin 1996, 751.

WURM, Johann Peter: Die Gründung des Michaeliskonvents der Schwestern vom gemeinsamen Leben in Lübeck, in: ZVLGA 85 (2005), 25-55.

ZIEGLER, Walter: Die Bursfelder Kongregation in der Reformationszeit: dargestellt anhand der Generalkapitelsrezesse der Bursfelder Kongregation, Münster 1968 (Beiträge zur Geschichte des alten Mönchtums und des Benediktinertums, Bd. 29).

ZIEGLER, Walter: Reformation und Klosterauflösung. Ein ordensgeschichtlicher Vergleich, in: Reformbemühungen und Observanzbestrebungen im spätmittelalterlichen Ordenswesen, hg. v. Kaspar ELM, Berlin 1989 (Berliner Historische Studien, Bd. 14/Ordensstudien, Bd. 6), 585-614.

Abbildungen

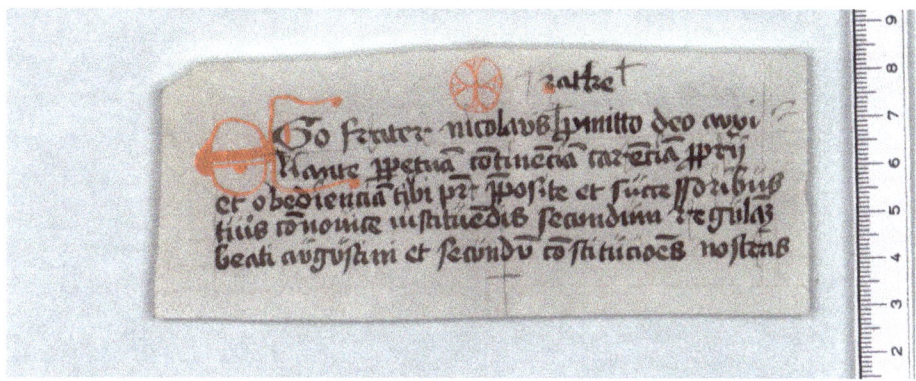

Abb. 1: Professurkunde des Nicolaus Ratke, vor 1490 (LASH Urk.-Abt. 116 Nr. 210)

Abb. 2: Professurkunde des Bernhardus Aernhem, nach 1490 (LASH Urk.-Abt. 116 Nr. 211)

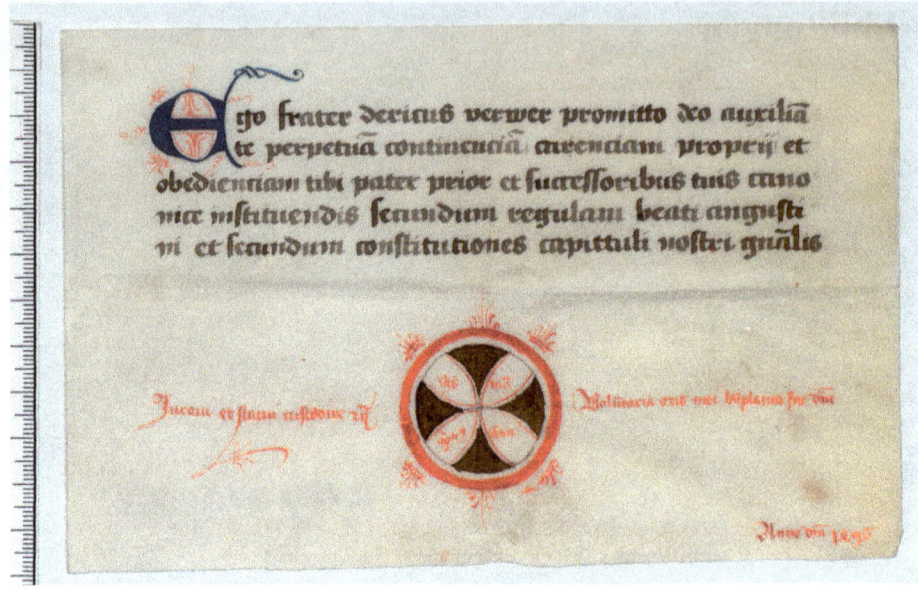

Abb. 3: Professurkunde des Dericus Verwer, nach 1490 (LASH, Urk.-Abt. 116 Nr. 211)

KIELER WERKSTÜCKE

Reihe A: Beiträge zur schleswig-holsteinischen und skandinavischen Geschichte
Hrsg. von Oliver Auge und Thomas Riis

Band 1 Kai Fuhrmann: Die Auseinandersetzung zwischen königlicher und gottorfischer Linie in den Herzogtümern Schleswig und Holstein in der zweiten Hälfte des 17. Jahrhunderts. 1990.

Band 2 Ralph Uhlig (Hrsg.): Vertriebene Wissenschaftler der Christian-Albrechts-Universität zu Kiel (CAU) nach 1933. Zur Geschichte der CAU im Nationalsozialismus. Eine Dokumentation, bearbeitet von Uta Cornelia Schmatzler und Matthias Wieben. 1991.

Band 3 Carsten Obst: Der demokratische Neubeginn in Neumünster 1947 bis 1950 anhand der Arbeit und Entwicklung des Neumünsteraner Rates. 1992.

Band 4 Thomas Hill: Könige, Fürsten und Klöster. Studien zu den dänischen Klostergründungen des 12. Jahrhunderts. 1992.

Band 5 Rüdiger Wurr / Udo Gerigk / Uwe Törper / Alfred Sielken: Türkische Kolonie im Wandel. Ausländersozialarbeit und Ausländerpädagogik in Schleswig-Holstein (Bandhrsg.: Kai Fuhrmann und Ralph Uhlig). 1992.

Band 6 Torsten Mußdorf: Die Verdrängung jüdischen Lebens in Bad Segeberg im Zuge der Gleichschaltung 1933-1939 (Bandhrsg.: Kai Fuhrmann und Ralph Uhlig).1992.

Band 7 Thorsten Afflerbach: Der berufliche Alltag eines spätmittelalterlichen Hansekaufmanns. Betrachtungen zur Abwicklung von Handelsgeschäften. 1993.

Band 8 Ralph Uhlig: *Confidential Reports* des Britischen Verbindungsstabes zum Zonenbeirat der britischen Besatzungszone in Hamburg (1946-1948). Demokratisierung aus britischer Sicht. 1993.

Band 9 Broder Schwensen: Der Schleswig-Holsteiner-Bund 1919-1933. Ein Beitrag zur Geschichte der nationalpolitischen Verbände im deutsch-dänischen Grenzland. 1993.

Band 10 Matthias Wieben: Studenten der Christian-Albrechts-Universität im Dritten Reich. Zum Verhaltensmuster der Studenten in den ersten Herrschaftsjahren des Nationalsozialismus. 1994.

Band 11 Volker Henn / Arnved Nedkvitne (Hrsg.): Norwegen und die Hanse. Wirtschaftliche und kulturelle Aspekte im europäischen Vergleich. 1994.

Band 12 Jürgen Hartwig Ibs: Die Pest in Schleswig-Holstein von 1350 bis 1547/48. Eine sozialgeschichtliche Studie über eine wiederkehrende Katastrophe. 1994.

Band 13 Martin Höffken: Die "Kieler Erklärung" vom 26. September 1949 und die "Bonn-Kopenhagener Erklärungen" vom 29. März 1955 im Spiegel deutscher und dänischer Zeitungen. Regierungserklärungen zur rechtlichen Stellung der dänischen Minderheit in Schleswig- Holstein in der öffentlichen Diskussion. 1994.

Band 14 Erich Hoffmann / Frank Lubowitz (Hrsg.): Die Stadt im westlichen Ostseeraum. Vorträge zur Stadtgründung und Stadterweiterung im Hohen Mittelalter. Teil 1 und 2. 1995.

Band 15 Claus Ove Struck: Die Politik der Landesregierung Friedrich Wilhelm Lübke in Schleswig-Holstein (1951-1954). 1997.

Band 16 Hannes Harding: Displaced Persons (DPs) in Schleswig-Holstein 1945-1953. 1997.

Band 17 Olav Vollstedt: Maschinen für das Land. Agrartechnik und produzierendes Gewerbe Schleswig-Holsteins im Umbruch (um 1800-1867). 1997.

Band 18 Jörg Philipp Lengeler: Das Ringen um die Ruhe des Nordens. Großbritanniens Nordeuropa-Politik und Dänemark zu Beginn des 18. Jahrhunderts. 1998.

Band 19 Thomas Riis (Hrsg.): Tisch und Bett. Die Hochzeit im Ostseeraum seit dem 13. Jahrhundert. 1998.

Band 20 Alf R. Bjercke: Norwegische Kätnersöhne als königliche Dragoner. Eine Abhandlung über den Dragonerdienst in Norwegen und die Grenzwache in Schleswig-Holstein 1758-1762. 1999.

Band 21 Niels Bracke: Die Regierung Waldemars IV. Eine Untersuchung zum Wandel von Herrschaftsstrukturen im spätmittelalterlichen Dänemark. 1999.

Band 22 Lutz Sellmer: Albrecht VII. von Mecklenburg und die Grafenfehde (1534-1536). 1999.

Band 23 Ernst-Erich Marhencke: Hans Reimer Claussen (1804-1894). Kämpfer für Freiheit und Recht in zwei Welten. Ein Beitrag zu Herkunft und Wirken der "Achtundvierziger". 1999.

Band 24 Hans-Otto Gaethke: Herzog Heinrich der Löwe und die Slawen nordöstlich der unteren Elbe. 1999.

Band 25 Henning Unverhau: Gesang, Feste und Politik. Deutsche Liedertafeln, Sängerfeste, Volksfeste und Festmähler und ihre Bedeutung für das Entstehen eines nationalen und politischen Bewußtseins in Schleswig-Holstein 1840-1848. 2000.

Band 26 Joseph Ben Brith: Die Odyssee der Henrique-Familie (Bandhrsg.: Björn Marnau und Ralph Uhlig). 2001.

Band 27 Karl-Otto Hagelstein: Die Erbansprüche auf die Herzogtümer Schleswig und Holstein 1863/64. 2003.

Band 28 Annegret Wittram: Fragmenta. Felix Jacoby und Kiel. Ein Beitrag zur Geschichte der Kieler Christian-Albrechts-Universität. 2004.

Band 29 Sönke Loebert: Die dänische Vergangenheit Schleswigs und Holsteins in preußischen Geschichtsbüchern. 2008.

Band 30 Hans Gerhard Risch: Der holsteinische Adel im Hochmittelalter. Eine quantitative Untersuchung. 2010.

Band 31 Silke Hinz: Hochzeit in Kiel. Wandel im Hochzeitsgeschehen von 1965 bis 2005. 2011.

Band 32 Sönke Loebert / Okko Meiburg / Thomas Riis: Die Entstehung der Verfassungen der dänischen Monarchie (1848-1849). 2012.

Band 33 Franziska Nehring: Graf Gerhard der Mutige von Oldenburg und Delmenhorst (1430-1500). 2012.

Band 34 Simon Huemer: Studienstiftungen an der Christian-Albrechts-Universität zu Kiel. Private Bildungsförderung zwischen Stiftungsnorm und Stiftungswirklichkeit. 2013.

Band 35 Marina Loer: Die Reformen von Windesheim und Bursfelde im Norden. Einflüsse und Auswirkungen auf die Klöster in Holstein und den Hansestädten Lübeck und Hamburg. 2013.

Reihe B: Beiträge zur nordischen und baltischen Geschichte
Hrsg. von Hain Rebas

Band 1 Rainer Plappert: Zwischen Zwangsclearing und Entschädigung. Die politischen Beziehungen zwischen der Bundesrepublik Deutschland und Schweden im Schatten der Kriegsfolgefragen 1949-1956. 1996.

Band 2 Volker Seresse: Des Königs "arme weit abgelegenne Vntterthanen". Oesel unter dänischer Herrschaft 1559/84-1613. 1996.

Band 3 Ingrid Bohn: Zwischen Anpassung und Verweigerung. Die deutsche St. Gertruds Gemeinde in Stockholm zur Zeit des Nationalsozialismus. 1997.

Band 4 Saskia Pagell: Souveränität oder Integration? Die Europapolitik Dänemarks und Norwegens von 1945 bis 1995. 2000.

Band 5 Ulrike Hanssen-Decker: Von Madrid nach Göteborg. Schweden und der EU-Beitritt Estlands, Lettlands und Litauens, 1995-2001. 2008.

Reihe C: Beiträge zur europäischen Geschichte des frühen und hohen Mittelalters
Hrsg. von Hans Eberhard Mayer

Band 1   Martin Rheinheimer: Das Kreuzfahrerfürstentum Galiläa. 1990.

Band 2   Oliver Berggötz: Der Bericht des Marsilio Zorzi. Codex Querini-Stampalia IV 3 (1064). 1990.

Band 3   Thomas Eck: Die Kreuzfahrerbistümer Beirut und Sidon im 12. und 13. Jahrhundert auf prosopographischer Grundlage. 2000.

Reihe D: Beiträge zur europäischen Geschichte des späten Mittelalters
Hrsg. von Werner Paravicini

Band 1   Holger Kruse, Werner Paravicini, Andreas Ranft (Hrsg.): Ritterorden und Adelsgesellschaften im spätmittelalterlichen Deutschland. Ein systematisches Verzeichnis. 1991.

Band 2   Werner Paravicini (Hrsg.): Hansekaufleute in Brügge. Teil 1: Die Brügger Steuerlisten 1360-1390, hrsg. von Klaus Krüger. 1992.

Band 3   Les Chevaliers de l'Ordre de la Toison d'or au XVe siècle. Notices bio-bibliographiques publiées sous la direction de Raphaël de Smedt. 1994. 2. Auflage 2000.

Band 4   Werner Paravicini (Hrsg.): Der Briefwechsel Karls des Kühnen (1433-1477). Inventar. Redigiert von Sonja Dünnebeil und Holger Kruse. Bearbeitet von Susanne Baus u.a. Teil 1 und 2. 1995.

Band 5   Werner Paravicini (Hrsg.): Europäische Reiseberichte des späten Mittelalters. Eine analytische Bibliographie. Teil 1: Deutsche Reiseberichte, bearb. von Christian Halm. 1994. 2., durchgesehene und um einen Nachtrag ergänzte Auflage 2001.

Band 6   Rainer Demski: Adel und Lübeck. Studien zum Verhältnis zwischen adliger und bürgerlicher Kultur im 13. und 14. Jahrhundert. 1996.

Band 7   Anne Chevalier-de Gottal: Les Fêtes et les Arts à la Cour de Brabant à l'aube du XVe siècle. 1996.

Band 8   Stephan Selzer: Artushöfe im Ostseeraum. Ritterlich-höfische Kultur in den Städten des Preußenlandes im 14. und 15. Jahrhundert. 1996.

Band 9   Werner Paravicini (Hrsg.): Hansekaufleute in Brügge. Teil 2. Georg Asmussen: Die Lübecker Flandernfahrer in der zweiten Hälfte des 14. Jahrhunderts (1358-1408). 1999.

Band 10   Jean Marie Maillefer: Chevaliers et princes allemands en Suède et en Finlande à l'époque des Folkungar (1250-1363). Le premier établissement d'une noblesse allemande sur la rive septentrionale de la Baltique. 1999.

Band 11   Werner Paravicini, Horst Wernicke (Hrsg.): Hansekaufleute in Brügge. Teil 3. Prosopographischer Katalog zu den Brügger Steuerlisten 1360-1390. Bearbeitet von Ingo Dierck, Sonja Dünnebeil und Renée Rößner. 1999.

Band 12   Werner Paravicini (Hrsg.): Europäische Reiseberichte des späten Mittelalters. Eine analytische Bibliographie. Teil 2: Französische Reiseberichte, bearbeitet von Jörg Wettlaufer in Zusammenarbeit mit Jacques Paviot. 1999.

Band 13   Nils Jörn, Werner Paravicini, Horst Wernicke (Hrsg.): Hansekaufleute in Brügge. Teil 4. Beiträge der Internationalen Tagung in Brügge April 1996. 2000.

Band 14   Werner Paravicini (Hrsg.): Europäische Reiseberichte des späten Mittelalters. Eine analytische Bibliographie. Teil 3. Niederländische Reiseberichte. Nach Vorarbeiten von Detlev Kraack bearbeitet von Jan Hirschbiegel. 2000.

Band 15   Werner Paravicini (Hrsg.): Hansekaufleute in Brügge. Teil 5. Renée Rößner: Hansische Memoria in Flandern. Alltagsleben und Totengedenken der Osterlinge in Brügge und Antwerpen (13. bis 16. Jahrhundert). 2001.

Band 16   Werner Paravicini (Hrsg.): Hansekaufleute in Brügge. Teil 6. Anke Greve: Hansische Kaufleute, Hosteliers und Herbergen im Brügge des 14. und 15. Jahrhunderts. 2011.

Reihe E: Beiträge zur Sozial- und Wirtschaftsgeschichte
Hrsg. von Gerhard Fouquet

Band 1 Thomas Hill / Dietrich W. Poeck (Hrsg.): Gemeinschaft und Geschichtsbilder im Hanseraum. 2000.

Band 2 Gabriel Zeilinger: Die Uracher Hochzeit 1474. Form und Funktion eines höfischen Festes im 15. Jahrhundert. 2002.

Band 3 Sascha Taetz: Richtung Mitternacht. Wahrnehmung und Darstellung Skandinaviens in Reiseberichten städtischer Bürger des 16. und 17. Jahrhunderts. 2004.

Band 4 Harm von Seggern / Gerhard Fouquet / Hans-Jörg Gilomen (Hrsg.): Städtische Finanzwirtschaft am Übergang vom Mittelalter zur Frühen Neuzeit. 2007.

Band 5 Gerhard Fouquet (Hrsg.): Die Reise eines niederadeligen Anonymus ins Heilige Land im Jahre 1494. 2007.

Band 6 Sven Rabeler: Das Familienbuch Michels von Ehenheim (um 1462/63-1518). Ein niederadliges Selbstzeugnis des späten Mittelalters. Edition, Kommentar, Untersuchung. 2007.

Band 7 Gerhard Fouquet / Gabriel Zeilinger (Hrsg.): Die Urbanisierung Europas von der Antike bis in die Moderne. 2009.

Band 8 Dietrich W. Poeck: Die Herren der Hanse. Delegierte und Netzwerke. 2010.

Band 9 Carsten Stühring: Der Seuche begegnen. Deutung und Bewältigung von Rinderseuchen im Kurfürstentum Bayern des 18. Jahrhunderts. 2011.

Band 10 Sina Westphal: Die Korrespondenz zwischen Kurfürst Friedrich dem Weisen von Sachsen und der Reichsstadt Nürnberg. Analyse und Edition. 2011.

Band 11 Ulf Dirlmeier: Menschen und Städte. Ausgewählte Aufsätze. Herausgegeben von Rainer S. Elkar, Gerhard Fouquet und Bernd Fuhrmann. 2012.

Reihe F: Beiträge zur osteuropäischen Geschichte
Hrsg. von Rudolf Jaworski und Ludwig Steindorff

Band 1 Peter Nitsche (Hrsg.), unter Mitarbeit von Ekkehard Klug: Preußen in der Provinz. Beiträge zum 1. deutsch-polnischen Historikerkolloquium im Rahmen des Kooperationsvertrages zwischen der Adam-Mickiewicz-Universität Poznań und der Christian-Albrechts-Universität zu Kiel. 1991.

Band 2 Rudolf Jaworski (Hrsg.): Nationale und internationale Aspekte der polnischen Verfassung vom 3. Mai 1791. Beiträge zum 3. deutsch-polnischen Historikerkolloquium im Rahmen des Kooperationsvertrages zwischen der Adam-Mickiewicz-Universität Poznań und der Christian-Albrechts-Universität zu Kiel, unter Mitarbeit von Eckhard Hübner. 1993.

Band 3 Peter Nitsche (Hrsg.): Die Nachfolgestaaten der Sowjetunion. Beiträge zur Geschichte, Wirtschaft und Politik. Herausgegeben unter Mitarbeit von Jan Kusber. 1994.

Band 4 Stephan Conermann / Jan Kusber (Hrsg.): Die Mongolen in Asien und Europa. 1997.

Band 5 Randolf Oberschmidt: Rußland und die schleswig-holsteinische Frage 1839-1853. 1997.

Band 6 Rudolf Jaworski / Jan Kusber / Ludwig Steindorff (Hrsg.): Gedächtnisorte in Osteuropa. Vergangenheiten auf dem Prüfstand. 2003.

Band 7 Ulrich Kaiser: Realpolitik oder antibolschewistischer Kreuzzug? Zum Zusammenhang von Rußlandbild und Rußlandpolitik der deutschen Zentrumspartei 1917-1933. 2005.

Band 8 Annelore Engel-Braunschmidt / Eckhard Hübner (Hrsg.): Jüdische Welten in Osteuropa. 2005.

Band 9 Martin Aust / Ludwig Steindorff (Hrsg.): Russland 1905. Perspektiven auf die erste Russische Revolution. 2007.

Reihe G: Beiträge zur Frühen Neuzeit
Hrsg. von Olaf Mörke

Band 1 Rolf Schulte: Hexenmeister. Die Verfolgung von Männern im Rahmen der Hexenverfolgung von 1530-1730 im Alten Reich. 2000. 2., ergänzte Auflage 2001.

Band 2 Jan Klußmann: Lebenswelten und Identitäten adliger Gutsuntertanen. Das Beispiel des östlichen Schleswig-Holsteins im 18. Jahrhundert. 2002.

Band 3 Daniel Höffker / Gabriel Zeilinger (Hrsg.): Fremde Herrscher. Elitentransfer und politische Integration im Ostseeraum (15.-18. Jahrhundert). 2006.

Band 4 Volker Seresse (Hrsg.): Schlüsselbegriffe der politischen Kommunikation in Mitteleuropa während der frühen Neuzeit. 2009.

Band 5 Björn Aewerdieck: Register zu den Wunderzeichenbüchern Job Fincels. 2010.

Reihe H: Beiträge zur Neueren und Neuesten Geschichte
Hrsg. von Christoph Cornelißen

Band 1 Lena Cordes: Regionalgeschichte im Zeichen politischen Wandels. Die Gesellschaft für Schleswig-Holsteinische Geschichte zwischen 1918 und 1945. 2011.

Band 2 Birte Meinschien: Michael Freund. Wissenschaft und Politik (1945-1965). 2012.

www.peterlang.de